Rolf Kauffeldt/Werner Mainz

GEORG BÜCHNER: WOYZECK

Text und Materialien

W0089397

Cornelsen

Der Textabdruck folgt der Ausgabe: Georg Büchner. Werke und Briefe.
Münchner Ausgabe, hrsg. von Karl Pörnbacher, Gerhard Schaub,
Hans-Joachim Simm und Edda Ziegler.
© 1988 Carl Hanser Verlag, München Wien.
Der Text wurde anhand der Erstdrucke, der Handschriftenfaksimiles und unter
Berücksichtigung der Historisch-kritischen Ausgabe Werner R. Lehmanns
erstellt.
Zur Erleichterung der Lektüre sind dem Abdruck in Anmerkungen Wort-
und Sacherklärungen beigefügt.

Mit einem Sternchen (*) gekennzeichnete Textüberschriften sind Titel,
die für den Gebrauch des Bandes neu formuliert sind.

 http://www.cornelsen.de

1. Auflage   Druck 8 7 6 5   Jahr 06 05 04 03

Alle Drucke dieser Auflage sind inhaltlich unverändert
und können im Unterricht nebeneinander verwendet werden.

© 1995 Cornelsen Verlag, Berlin
(erschienen 1990 in: Cornelsen Verlag Schwann-Girardet, Düsseldorf)

Satz: Rademacher, Mülheim an der Ruhr
Druck: Druckhaus Berlin-Mitte

ISBN 3-590-12125-4

Bestellnummer 121254

Inhaltsverzeichnis

Büchner

Die Handwerksburschen
aus dem Woyzeck
verkleiden sich nicht
als Pyramus und Thisbe

Dennoch auch sie ein Lied
auf den Lippen eines
hessischen Jünglings
Immer und Immer zu

Das Lied ist verstummt
in Zürich Spätestens
neulich Der Mensch
ist ein Abgrund

Die Schädelnerven
der Barben und die
Schädelsammlung in
Straßburg und sonstwo

machen mir Schädelweh
Glückliche Zeiten
da das Nichts
aus Fischaugen blickte

Albert von Schirnding[1]

---

[1] Albert v. Schirnding: Bedenkzeit. Gedichte und Prosa. München 1977

GEORG BÜCHNER: WOYZECK

Personen:
Franz Woyzeck
Marie
Christian, ihr Kind
Hauptmann
Doktor
Professor
Tambourmajor
Unteroffizier
Andres
Margreth
Ausrufer einer Schaubude
Alter Mann
Der Jude
Wirt
Erster Handwerksbursch
Zweiter Handwerksbursch
Karl, ein Idiot
Käthe
Großmutter
Erstes Kind
Zweites Kind
Anderes Kind
Erste Person
Zweite Person
Gerichtsdiener
Arzt
Richter
Soldaten, Studenten, Leute, Mädchen und Kinder

(1) Freies Feld. Die Stadt in der Ferne

Woyzeck und Andres schneiden Stöcke im Gebüsch[1].

Woyzeck	Ja Andres; den Streif[2] da über das Gras hin, da rollt Abends der Kopf, es hob ihn einmal einer auf, er meint es wär ein Igel. Drei Tag und drei Nächt und er lag auf den Hobelspänen[3],

(leise)

Andres, das waren die Freimaurer[4], ich hab's, die Freimaurer, still!

Andres	*(singt)*	Saßen dort zwei Hasen
		Fraßen ab das grüne, grüne Gras…
Woyzeck		Still! Es geht! Was!
Andres		Fraßen ab das grüne, grüne Gras
		Bis auf den Rasen.
Woyzeck		Es geht hinter mir, unter mir

(stampft auf den Boden)

hohl, hörst du? Alles hohl da unten. Die Freimaurer!

Andres	Ich fürcht mich.
Woyzeck	's ist so kurios still. Man möcht den Atem halten. Andres!
Andres	Was?
Woyzeck	Red was!

(Starrt in die Gegend.)

Andres! Wie hell! Ein Feuer fährt um den Himmel und ein Getös herunter wie Posaunen[5]. Wie's heraufzieht! Fort. Sieh nicht hinter dich[6].

(Reißt ihn in's Gebüsch.)

---

[1] möglicherweise zu privatem Zweck (Herstellung geflochtener Körbe) oder zu militärischem Strafgebrauch (Stockschläge)

[2] starker Lichtschein am Horizont, evtl. Hinweis auf überirdische Erscheinung

[3] Umschreibung für „sterben" (in den Sarg gelegt werden). In einigen dt. Regionen wurde der Kopf des Toten auf Hobelspäne gebettet.

[4] Im Zeitalter der Aufklärung gegründete Vereinigungen, die, konfessionell nicht gebunden, das Ideal „edlen Menschentums" zu verwirklichen trachteten. Der Begriff „Freimaurer" geht zurück auf die Bräuche mittelalterlicher Bauhütten. Die sich oft als Geheimbünde organisierenden F. benutzten als Symbole Werkzeuge der Maurer und Steinmetze (Zirkel, Pendel, Kelle, Hammer, Winkelmaß etc.).

[5] vgl. AT, Josua 6, 1−16 und NT, Apokalypse 8−11

[6] Anspielung auf AT, Genesis 19, 17 (Lots Weib). Vgl. auch Orpheus aus der griech. Sage, der sich bei der Rückführung seiner Frau Eurydike in die Welt der Lebenden nicht zurückwenden darf; weitere Verbote des ‚Sich-Umschauens' vgl. Handwörterbuch d. dt. Aberglaubens Bd. I, 1929, Sp. 692

Andres	*(nach einer Pause)*
	Woyzeck! hörst du's noch?
Woyzeck	Still, Alles still, als wär die Welt tot.
Andres	Hörst du? Sie trommeln drin. Wir müssen fort.

(2) Marie mit ihrem Kind am Fenster. Margreth

Der Zapfenstreich geht vorbei, der Tambourmajor[7] voran.

Marie	*(das Kind wippend auf dem Arm)*
	He Bub! Sa ra ra ra! Hörst? Da komme sie.
Margreth	Was ein Mann, wie ein Baum.
Marie	Er steht auf seinen Füßen wie ein Löw.
	(Tambourmajor grüßt.)
Margreth	Ei, was freundliche Auge, Frau Nachbarin, so was is man an Ihr[8] nit gewöhnt.
Marie	*(singt)* Soldaten das sind schöne Bursch …
Margreth	Ihre Auge glänze ja noch.
Marie[9]	Und wenn! Trag Sie Ihr Auge zum Jud und laß Sie sie putze, vielleicht glänze sie noch, daß man sie für zwei Knöpf verkaufe könnt.
Margreth	Was Sie? Sie? Frau Jungfer, ich bin eine honette[10] Person, aber Sie, Sie guckt siebe Paar lederne Hose durch[11].
Marie	Luder?
	(Schlägt das Fenster zu.)
	Komm mein Bub. Was die Leut wollen. Bist doch nur en arm Hurenkind und machst deiner Mutter Freud mit deim unehrliche Gesicht. Sa! Sa!

---

[7] Anführer eines militär. Spielmannszuges (i. d. R. Unteroffizier)
[8] entspricht heutigem: bei Ihnen (vgl. auch die übrigen Anredeformen im „Woyzeck")
[9] redensartlich gestaltete Gegenargumentation Maries; die ‚Judenschelte' schloß den Gedanken ein, ihnen sei kein Gegenstand zu gering, als daß sie ihn nicht noch zu einem ‚kleinen Geschäft' nutzen könnten
[10] ehrenwert, anständig
[11] redensartlich für: neugierige, anzügliche Blicke (heute eher: jmdn. mit den Blicken ausziehen)

Marie	*(Singt).*	Mädel, was fangst du jetzt an

Marie *(Singt).* Mädel, was fangst du jetzt an
Hast ein klein Kind und kein Mann.
Ei was frag ich danach
Sing ich die ganze Nacht
Heio popeio mein Bu. Juchhe!   5
Gibt mir kein Mensch nix dazu.

Hansel spann deine sechs Schimmel an
Gib ihn zu fresse auf's neu.
Kein Haber[12] fresse sie
Kein Wasser saufe sie   10
Lauter kühle Wein muß es sein. Juchhe!
Lauter kühle Wein muß es sein.

(Es klopft am Fenster)

Marie   Wer da? Bist du's Franz? Komm herein!

Woyzeck   Kann nit. Muß zum Verles[13].   15

Marie   Was hast du Franz?

Woyzeck   *(geheimnisvoll)*
               Marie, es war wieder was, viel, steht nicht geschrieben, und
               sieh da ging ein Rauch vom Land, wie der Rauch vom
               Ofen?[14]   20

Marie   Mann!

Woyzeck   Es ist hinter mir gegangen bis vor die Stadt. Was soll das
               werden?

Marie   Franz!

Woyzeck   Ich muß fort.   25
               (Er geht)

Marie   Der Mann! So vergeistert. Er hat sein Kind nicht angesehn.
               Er schnappt noch über mit den Gedanken. Was bist so still,
               Bub? Furchst dich? Es wird so dunkel, man meint, man
               wär blind. Sonst scheint als[15] die Latern herein. Ich halt's   30
               nicht aus. Es schauert mich.
               (Geht ab)

---

[12] Hafer
[13] Überprüfung der Anwesenheit durch Vorlesen der Namen beim Appell
[14] vgl. AT, Genesis 19, 28 (erneute Anspielung auf die Zerstörung Sodoms und Gomorrhas); auch
NT, Apokalypse 9, 2
[15] mundartlich für: immer

(3) Öffentlicher Platz. Buden. Lichter

Alter Mann, Kind (das tanzt)	Auf der Welt ist kein Bestand.
	Wir müssen alle sterbe,
	das ist uns wohlbekannt!
Woyzeck	He! Hopsa! Arm Mann, alter Mann! Arm Kind! Junges 5
	Kind! Hei Marie, soll ich dich trage? Ein Mensch muß ...
	damit er esse kann. Welt! Schön Welt!
Ausrufer	(an einer Bude)
	Meine Herren. Meine Herren! Sehn Sie die Kreatur, wie sie
	Gott gemacht, nix, gar nix. Sehen Sie jetzt die Kunst, geht 10
	aufrecht, hat Rock und Hosen, hat ein Säbel! Ho! Mach
	Kompliment! So bist brav. Gib Kuß!
	(Er trompetet.)
	Michl ist musikalisch. Meine Herren, meine Damen, hier
	sind zu sehn das astronomische Pferd und die kleinen 15
	Kanaillevogele[16], sind Liebling von alle Potentate[17] Euro-
	pas und Mitglied von alle gelehrte Sozietät[18]; weissage de
	Leute Alles, wie alt, wieviel Kinder, was für Krankheit,
	schießt Pistol los, stellt sich auf ei Bein. Alles Erziehung,
	haben eine viehische Vernunft, oder vielmehr eine ganze 20
	vernünftige Viehigkeit, ist kei viehdummes Individuum
	wie viel Person, das verehrliche Publikum abgerechnet.
	Herein. Es wird sein die räpräsentation[19], das commence-
	ment vom commencement wird sogleich nehm sein
	Anfang[20]. 25
	Sehn Sie die Fortschritte der Zivilisation. Alles schreitet
	fort, ei Pferd, ei Aff, ei Kanaillevogel. Der Aff is schon ei
	Soldat, s' ist noch nit viel, unterst Stuf von menschliche
	Geschlecht! Die räpräsentation anfangen! Man mackt
	Anfang von Anfang. Es wird sogleich sein das commence- 30
	ment von commencement.
Woyzeck	Willst du?
Marie	Meinetwege. Das muß schön Dings sein. Was der Mensch
	Quasten[21] hat und die Frau hat Hosen.

---

[16] doppelte Bedeutung: Kanarienvogel oder Schurke (i. S. v. frz. „canaille")
[17] Herrscher, Machthaber
[18] Gesellschaften, frz. société(s)
[19] Vorstellung, Aufführung
[20] jahrmarktübliche, von Halbbildung geprägte Wortspielerei mit dem frz. Begriff für „Anfang"
[21] Troddeln an der Uniform

Unteroffizier. Tambourmajor.

Unteroffizier	Halt, jetzt. Siehst du sie! Was ei Weibsbild!
Tambourmajor	Teufel, zum Fortpflanze von Kürassierregimenter[22] und zur Zucht von Tambourmajor.
Unteroffizier	Wie sie den Kopf trägt, man meint, das schwarze Haar 5 müßt ihn abwärts ziehn, wie ei Gewicht, und Auge, schwarz…
Tambourmajor	Als ob man in ein Ziehbrunn oder zu ein Schornstei hinunteguckt. Fort, hinte drein!
Marie	Was Lichter! 10
Woyzeck	Ja…, ei groß schwarze Katze mit feurige Auge. Hei, was'n Abend!

Das Innere der Bude

Ausrufer	*(mit dressiertem Pferd)*
	Zeig dein Talent! Zeig dein viehische Vernünftigkeit! 15 Bschäme die menschlich Sozietät! Mei Herre, dies Tier, was Sie da sehn, Schwanz am Leib, auf sei vier Hufe, ist Mitglied von alle gelehrte Sozietät, ist Professor an unsre Universität, wo die Studente bei ihm reiten und schlage lernen. Das war einfacher Verstand! Denk jetzt mit der 20 doppelten Raison[23]. Was machst du wann du mit der doppelten Raison denkst? Ist unter der gelehrte Société da ein Esel?
	(Der Gaul schüttelt den Kopf.)
	Sehn Sie jetzt die doppelte Räson! Das ist Viehsionomik[24]. 25 Ja das ist kei viehdummes Individuum, das ist ein Person! Ei Mensch, ei tierische Mensch und doch ei Vieh, ei bête[25].
	(Das Pferd führt sich ungebührlich auf.)

---

[22] Kavallerieeinheiten (Küraß = Panzerung); ein Kürassier galt im Volksmund als Inbegriff eines „kräftigen" Mannes.
[23] Vernunft, Verstand
[24] Wortspiel mit „Physiognomik" (menschl. Ausdruckslehre)
[25] frz.: Tier, verspottend auch: Dummkopf

Ausrufer	So bschäm die Société. Sehn Sie, das Vieh ist noch Natur, unverdorbe Natur! Lern Sie bei ihm. Fragen Sie den Arzt, es ist höchst schädlich! Das hat geheiße. Mensch sei natür- lich, du bist geschaffe Staub, Sand, Dreck. Willst du mehr sein als Staub, Sand, Dreck? Sehn Sie, was Vernunft, es kann rechnen und kann doch nit an de Finger herzählen, warum? Kann sich nur nit ausdrücke, nur nit explizier[26], ist ein verwandlter Mensch! Sag den Herrn, wieviel Uhr es ist. Wer von den Herrn und Damen hat ein Uhr, ein Uhr?

Unteroffizier Eine Uhr!   10
(Zieht großartig und gemessen eine Uhr aus der Tasche.)
Da mein Herr.

Marie Das muß ich sehn.
(Sie klettert auf den 1. Platz. Tambourmajor hilft ihr.)

(4) Kammer   15

M a r i e sitzt, ihr Kind auf dem Schoß, ein Stückchen Spiegel in der Hand.

Marie *(bespiegelt sich)*
Was die Steine glänze! Was sind's für? Was hat er gesagt? —
Schlaf Bub! Drück die Auge zu, fest,   20
(das Kind versteckt die Augen hinter den Händen)
noch fester, bleib so, still oder er holt dich.
(Singt)   Mädel mach's Ladel zu,
          s' kommt e Zigeunerbu,
          Führt dich an deiner Hand   25
          Fort in's Zigeunerland.
(Spiegelt sich wieder.)
s' ist gewiß Gold! Unsereins hat nur ein Eckchen in der Welt und ein Stückchen Spiegel, und doch hab ich einen so roten Mund als die großen Madamen mit ihren Spiegeln   30
von oben bis unten und ihren schönen Herrn, die ihnen die Händ küssen; ich bin nur ein arm Weibsbild. —
(Das Kind richtet sich auf.)

[26] näher ausführen, erklären

Marie	Still Bub, die Auge zu, das Schlafengelchen[27]! wie's an der Wand läuft,
	(sie blinkt mit dem Glas)
	die Auge zu, oder es sieht dir hinein, daß du blind wirst. *Woyzeck tritt herein, hinter sie. Sie fährt auf mit den Händen nach den Ohren.*
Woyzeck	Was hast du?
Marie	Nix.
Woyzeck	Unter deinen Fingern glänzt's ja.
Marie	Ein Ohrringlein; hab's gefunden.
Woyzeck	Ich hab so noch nix gefunden. Zwei auf einmal.
Marie	Bin ich ein Mensch?
Woyzeck	s' ist gut, Marie. — Was der Bub schläft. Greif ihm unter's Ärmchen, der Stuhl drückt ihn. Die hellen Tropfen stehn ihm auf der Stirn; alles Arbeit unter der Sonn, sogar Schweiß im Schlaf. Wir arme Leut! Das is wieder Geld Marie, die Löhnung und was von mein'm Hauptmann.
Marie	Gott vergelt's Franz.
Woyzeck	Ich muß fort. Heut Abend, Marie. Adies.
Marie	*(allein, nach einer Pause).* Ich bin doch ein schlecht Mensch. Ich könnt mich erstechen. — Ach! Was Welt? Geht doch Alles zum Teufel, Mann und Weib.

(5) Der Hauptmann. Woyzeck˙

Hauptmann auf einem Stuhl. Woyzeck rasiert ihn.

Hauptmann	Langsam, Woyzeck, langsam; eins nach dem andern; Er macht mir ganz schwindlig. Was soll ich dann mit den zehn Minuten anfangen, die Er[28] heut zu früh fertig wird? Woyzeck, bedenk Er, Er hat noch seine schöne dreißig Jahr zu leben, dreißig Jahr! macht 360 Monate, und Tage, Stunden, Minuten! Was will Er denn mit der ungeheuren Zeit all anfangen? Teil Er sich ein, Woyzeck.

---

[27] personifizierter Kinderschreck (vgl. Sandmann, Abendmutter)
[28] früher gängige Anredeform gegenüber Personen in Abhängigkeitsverhältnissen (vgl. Anm. 8)

Woyzeck	Ja wohl, Herr Hauptmann.
Hauptmann	Es wird mir ganz angst um die Welt, wenn ich an die Ewigkeit denke. Beschäftigung, Woyzeck, Beschäftigung! Ewig das ist ewig, das ist ewig, das siehst du ein; nun ist es aber wieder nicht ewig und das ist ein Augenblick, ja, ein Augenblick. – Woyzeck, es schaudert mich, wenn ich denk, daß sich die Welt in einem Tag herumdreht, was'n Zeitverschwendung, wo soll das hinaus? Woyzeck, ich kann kein Mühlrad²⁹ mehr sehn, oder ich werd melancholisch.
Woyzeck	Ja wohl, Herr Hauptmann.
Hauptmann	Woyzeck. Er sieht immer so verhetzt aus. Ein guter Mensch tut das nicht, ein guter Mensch, der sein gutes Gewissen hat. – Red Er doch was Woyzeck. Was ist heut für Wetter?
Woyzeck	Schlimm, Herr Hauptmann, schlimm; Wind.
Hauptmann	Ich spür's schon, 's ist so was Geschwindes draußen; so ein Wind macht mir den Effekt wie eine Maus. *(Pfiffig.)* Ich glaub wir haben so was aus Süd-Nord.
Woyzeck	Ja wohl, Herr Hauptmann.
Hauptmann	Ha! ha! ha! Süd-Nord! Ha! Ha! Ha! O Er ist dumm, ganz abscheulich dumm. *(Gerührt.)* Woyzeck, Er ist ein guter Mensch, ein guter Mensch – aber *(mit Würde)* Woyzeck, Er hat keine Moral! Moral, das ist wenn man moralisch ist, versteht Er. Es ist ein gutes Wort. Er hat ein Kind, ohne den Segen der Kirche, wie unser hochehrwürdiger Herr Garnisonsprediger sagt, ohne den Segen der Kirche, es ist nicht von mir.
Woyzeck	Herr Hauptmann, der liebe Gott wird den armen Wurm nicht drum ansehn, ob das Amen drüber gesagt ist, eh er gemacht wurde. Der Herr sprach: Lasset die Kindlein zu mir kommen³⁰.

²⁹ hier: Metapher für Vergänglichkeit der Zeit und des Glücks
³⁰ vgl. NT, Matth. 19, 14

Hauptmann	Was sagt Er da! Was ist das für n'e kuriose Antwort? Er macht mich ganz konfus mit seiner Antwort. Wenn ich sag: Er, so mein ich Ihn, Ihn.
Woyzeck	Wir arme Leut. Sehn Sie, Herr Hauptmann, Geld, Geld. Wer kein Geld hat. Da setz eimal einer seinsgleichen auf die Moral in die Welt. Man hat auch sein Fleisch und Blut. Unseins ist doch eimal unselig in der und der andern Welt, ich glaub, wenn wir in Himmel kämen, so müßten wir donnern helfen[31].
Hauptmann	Woyzeck, Er hat keine Tugend, Er ist kein tugendhafter Mensch. Fleisch und Blut? Wenn ich am Fenster lieg, wenn es geregnet hat, und den weißen Strümpfen[32] so nachsehe, wie sie über die Gassen springen, − verdammt Woyzeck, − da kommt mir die Liebe! Ich hab auch Fleisch und Blut. Aber Woyzeck, die Tugend, die Tugend! Wie sollte ich dann die Zeit herumbringen? Ich sag mir immer, du bist ein tugendhafter Mensch, *(gerührt)* ein guter Mensch, ein guter Mensch.
Woyzeck	Ja Herr Hauptmann, die Tugend! ich hab's noch nicht so aus. Sehn Sie, wir gemeinen Leut, das hat keine Tugend, es kommt einem nur so die Natur, aber wenn ich ein Herr wär und hätt ein Hut und eine Uhr und eine Anglaise[33], und könnt vornehm reden, ich wollt schon tugendhaft sein. Es muß was Schönes sein um die Tugend, Herr Hauptmann. Aber ich bin ein armer Kerl.
Hauptmann	Gut Woyzeck. Du bist ein guter Mensch, ein guter Mensch. Aber du denkst zuviel, das zehrt, du siehst immer so verhetzt aus. Der Diskurs[34] hat mich ganz angegriffen. Geh jetzt und renn nicht so; langsam, hübsch langsam die Straße hinunter.

---

[31] Resignative Weltsicht Woyzecks: Der Arme muß selbst im Himmel arbeiten.
[32] rhetor. Figur (pars pro toto): junge Frauen
[33] modischer Umhang der Biedermeierzeit
[34] philosoph. Gespräch

(6) Kammer

Marie. Tambourmajor.

Tambourmajor	Marie!
Marie	(*ihn ansehend, mit Ausdruck*)
	Geh einmal vor dich hin. — Über die Brust wie ein Stier und ein Bart wie ein Löw. So ist keiner. — Ich bin stolz vor allen Weibern.
Tambourmajor	Wenn ich am Sonntag erst den großen Federbusch hab und die weiße Handschuh, Donnerwetter, Marie, der Prinz sagt immer: Mensch, Er ist ein Kerl.
Marie	(*spöttisch*)
	Ach was!
	(*Tritt vor ihn hin.*)
	Mann!
Tambourmajor	Und du bist auch ein Weibsbild, Sapperment[35], wir wollen eine Zucht von Tambourmajors anlegen. He?
	(*Er umfaßt sie.*)
Marie	(*verstimmt*)
	Laß mich!
Tambourmajor	Wild Tier.
Marie	(*heftig*)
	Rühr mich an!
Tambourmajor	Sieht dir der Teufel aus den Augen?
Marie	Meintwegen. Es ist Alles eins.

(7) Auf der Gasse

Marie. Woyzeck.

Woyzeck	(*sieht sie starr an, schüttelt den Kopf*)
	Hm! Ich seh nichts, ich seh nichts. O, man müßt's sehen: man müßt's greifen können mit Fäusten.
Marie	(*verschüchtert*).
	Was hast du Franz? Du bist hirnwütig, Franz.

[35] Kraftausdruck des Erstaunens

Woyzeck	Eine Sünde so dick und so breit. Es stinkt, daß man die Engelchen zum Himmel hinaus räuchern könnt. Du hast ein rote Mund, Marie. Kein Blase drauf? Adie, Marie, du bist schön wie die Sünde. – Kann die Todsünde so schön sein?[36]
Marie	Franz, du redst im Fieber.
Woyzeck	Teufel! – Hat er da gestande, so, so?
Marie	Dieweil der Tag lang und die Welt alt ist, könne viel Mensche an eim Platz stehn, einer nach dem andern.
Woyzeck	Ich hab ihn gesehn.
Marie	Man kann viel sehn, wenn man zwei Augen hat und man nicht blind ist und die Sonn scheint.
Woyzeck	Wirst sehn.
Marie	*(keck)* Und wenn auch.

(8) Beim Doktor[37]

Woyzeck. Der Doktor.

Doktor	Was erleb ich, Woyzeck? Ein Mann von Wort.
Woyzeck	Was denn Herr Doktor?
Doktor	Ich hab's gesehn Woyzeck; Er hat auf die Straß gepißt, an die Wand gepißt wie ein Hund. Und doch zwei Groschen täglich. Woyzeck das ist schlecht. Die Welt wird schlecht, sehr schlecht.
Woyzeck	Aber Herr Doktor, wenn einem die Natur kommt.
Doktor	Die Natur kommt, die Natur kommt! Die Natur! Hab ich nicht nachgewiesen, daß der musculus constrictor vesicae[38] dem Willen unterworfen ist? Die Natur! Woyzeck, der Mensch ist frei, in dem Menschen verklärt sich die Individualität zur Freiheit. Den Harn nicht halten können! *(Schüttelt den Kopf, legt die Hände auf den Rücken und geht auf und ab.)*

[36] Anspielung auf die im Volk verbreitete Glaubensvorstellung, sündhaftes Verhalten müsse durch körperlichen Makel bestraft werden
[37] Folgende Szene versteht sich als kritische Anspielung auf zeitgenössische medizinische Experimente am Menschen.
[38] Blasenschließmuskel

Doktor	Hat Er schon seine Erbsen gegessen[39], Woyzeck? — Es gibt eine Revolution in der Wissenschaft, ich sprenge sie in die Luft. Harnstoff, 0,10, salzsaures Ammonium, Hyperoxydul[40]. Woyzeck muß Er nicht wieder pissen? Geh Er eimal hinein und probier Er's.

Doktor Hat Er schon seine Erbsen gegessen[39], Woyzeck? — Es gibt eine Revolution in der Wissenschaft, ich sprenge sie in die Luft. Harnstoff, 0,10, salzsaures Ammonium, Hyperoxydul[40]. Woyzeck muß Er nicht wieder pissen? Geh Er eimal hinein und probier Er's.

Woyzeck Ich kann nit Herr Doktor.

Doktor (mit Affekt)
Aber auf die Wand pissen! Ich hab's schriftlich, den Akkord[41] in der Hand. Ich hab's gesehn, mit diesen Augen gesehn, ich streckte grade die Nase zum Fenster hinaus und ließ die Sonnenstrahlen hinein fallen, um das Niesen zu beobachten.

(Tritt auf ihn los.)
Nein Woyzeck, ich ärgere mich nicht, Ärger ist ungesund, ist unwissenschaftlich. Ich bin ruhig, ganz ruhig, mein Puls hat seine gewöhnlichen 60 und ich sag's Ihm mit der größten Kaltblütigkeit! Behüte wer wird sich über einen Menschen ärgern, ein Menschen! Wenn es noch ein Proteus[42] wäre, der einem krepiert! Aber Er hätte doch nicht an die Wand pissen sollen —

Woyzeck Sehn Sie Herr Doktor, manchmal hat man so n'en Charakter, so n'e Struktur. — Aber mit der Natur ist's was andres, sehn Sie, mit der Natur,
(er kracht mit den Fingern)
das ist so was, wie soll ich doch sagen, zum Beispiel —

Doktor Woyzeck, Er philosophiert wieder.

Woyzeck (vertraulich)
Herr Doktor habe Sie schon was von der doppelten Natur gesehn? Wenn die Sonn in Mittag steht und es ist als ging die Welt im Feuer[43] auf, hat schon eine fürchterliche Stimme zu mir geredet!

Doktor Woyzeck, Er hat eine aberratio[44].

---

[39] Derartige ernährungsphysiologische Versuche wurden nachweisbar an hess. Soldaten durchgeführt (z. B. durch Justus von Liebig, 1803—1873).

[40] Im Gegensatz zu Harnstoff und salzsaurem Ammonium sind Lesart und Bedeutung von Hyperoxydul in der Büchner-Forschung bisher umstritten.

[41] hier: Vertrag, Abmachung

[42] damals zu Forschungszwecken häufig benutzte Tierart: Schwanzlurch

[43] Wiederaufnahme/Fortsetzung der Anspielung auf die Apokalypse des Johannes

[44] vgl. 45

Woyzeck	*(legt den Finger an die Nase)* Die Schwämme Herr Doktor. Da, da steckt's. Haben Sie schon gesehn in was für Figurn die Schwämme auf dem Boden wachsen? Wer das lesen könnt.
Doktor	Woyzeck Er hat die schönste aberratio mentalis partialis, 5 zweite Spezies[45], sehr schön ausgeprägt. Woyzeck Er kriegt Zulage. Zweite Spezies, fixe Idee, mit allgemein vernünftigem Zustand, Er tut noch alles wie sonst, rasiert sein Hauptmann?
Woyzeck	Ja wohl. 10
Doktor	Ißt sei Erbse?
Woyzeck	Immer ordentlich Herr Doktor. Das Geld für die Menage[46] kriegt die Frau.
Doktor	Tut sei Dienst?
Woyzeck	Ja wohl. 15
Doktor	Er ist ein interessanter Kasus, Subjekt Woyzeck Er kriegt Zulag. Halt Er sich brav. Zeig Er sei Puls! Ja.

(9) Straße

Hauptmann. Doktor.

Hauptmann	Herr Doktor, die Pferde machen mir ganz Angst; wenn ich 20 denke, daß die armen Bestien zu Fuß gehn müssen. Rennen Sie nicht so. Rudern Sie mit Ihrem Stock nicht so in der Luft. Sie hetzen sich ja hinter dem Tod drein. Ein guter Mensch, der sein gutes Gewissen hat, geht nicht so schnell. Ein guter Mensch. 25 *(Er erwischt den Doktor am Rock.)* Herr Doktor erlaube Sie, daß ich ein Menschenleben rette. Sie schießen… Herr Doktor, ich bin so schwermütig, ich hab so was Schwärmrisches, ich muß immer weinen, wenn ich meinen 30 Rock an der Wand hängen sehe, da hängt er.

---

[45] zeitweise auftretende Geistesabwesenheit; Spezies = Art
[46] älteres Wort für Verpflegung, Essen, Haushalt

Doktor	Hm, aufgedunsen, fett, dicker Hals, apoplektische Konstitution. Ja Herr Hauptmann, Sie können eine apoplexia cerebralis[47] kriegen, Sie können sie aber vielleicht auch nur auf der einen Seite bekommen, und dann auf der einen gelähmt sein, oder aber Sie können im besten Fall geistig gelähmt werden und nur fort vegetiern, das sind so ohngefähr Ihre Aussichten auf die nächsten vier Wochen. Übrigens kann ich Sie versichern, daß Sie einen von den interessanten Fällen abgeben, und wenn Gott will, daß Ihre Zunge zum Teil gelähmt wird, so machen wir die unsterblichsten Experimente.
Hauptmann	Herr Doktor erschrecken Sie mich nicht, es sind schon Leute am Schreck gestorben, am bloßen hellen Schreck. – Ich sehe schon die Leute mit den Zitronen in den Händen[48], aber sie werden sagen, er war ein guter Mensch, ein guter Mensch – Teufel Sargnagel!
Doktor	*(hält seinen Hut hin)* Was ist das, Herr Hauptmann? Das ist Hohlkopf!
Hauptmann	*(macht eine Falte in den Hut)* Was ist das, Herr Doktor? Das ist Einfalt.
Doktor	Ich empfehle mich, geehrtester Herr Exerzierzagel[49].
Hauptmann	Gleichfalls, bester Herr Sargnagel.

W o y z e c k kommt die Straße heruntergerannt.

Hauptmann	Ha Woyzeck, was hetzt Er sich so an mir vorbei? Bleib Er doch Woyzeck. Er läuft ja wie ein offnes Rasiermesser durch die Welt, man schneidt sich an Ihm, Er läuft, als hätt Er ein Regiment Kosack[50] zu rasiern und würde gehenkt über dem letzten Haar nach einer Viertelstunde – aber, über die lange Bärte[51], was – wollt ich doch sagen? Woyzeck – die lange Bärte –

---

[47] Gehirnschlag
[48] Lange Zeit war es üblich, daß Verwandte und Freunde beim letzten Besuch des aufgebahrten Toten eine Zitrone als Desinfektionsmittel und zur Linderung des Leichengeruchs mitnahmen.
[49] Zagel: Schwanz, Zopf. Im 18. Jh. trugen Offiziere Perücken mit Zopf.
[50] Russ. Volksgruppe und militär. Einheit tatarischer Herkunft, denen in Mittel- und Westeuropa wilde Kriegsführung und Hang zu derben Späßen nachgesagt wurden
[51] Im folgenden Abwandlungen des Motivs vom „Haar in der Suppe" mit dem Zweck, auf die Liebschaft des Tambourmajors mit Marie hinzudeuten

Doktor	Ein langer Bart unter dem Kinn, schon Plinius[52] spricht davon, man muß es den Soldaten abgewöhnen, du, du
Hauptmann	*(fährt fort)*
	Hä? über die lange Bärte? Wie is, Woyzeck, hat Er noch nicht ein Haar aus ein Bart in seiner Schüssel gefunden? He, Er versteht mich doch, ein Haar von einem Menschen, vom Bart eins Sapeur[53], eins Unteroffizier, eins − eins Tambourmajor? He Woyzeck? Aber Er hat eine brave Frau. Geht ihm nicht wie andern.
Woyzeck	Ja wohl! Was wollen Sie sage, Herr Hauptmann?
Hauptmann	Was der Kerl ein Gesicht macht!…muß nun auch nicht in de Suppe, aber wenn Er sich eilt und um die Eck geht, so kann Er vielleicht noch auf Paar Lippen eins finde, ein Paar Lippen, Woyzeck, ich habe wieder die Liebe gefühlt, Woyzeck. Kerl, Er ist ja kreideweiß.
Woyzeck	Herr, Hauptmann, ich bin ein armer Teufel, − und hab sonst nichts − auf de Welt, Herr Hauptmann, wenn Sie Spaß mache −
Hauptmann	Spaß ich, daß dich Spaß, Kerl!
Doktor	Den Puls Woyzeck, den Puls, klein, hart, hüpfend, ungleich.
Woyzeck	Herr Hauptmann, die Erd ist hölleheiß, mir eiskalt, eiskalt, die Hölle ist kalt, wollen wir wetten. Unmöglich. Mensch! Mensch! unmöglich.
Hauptmann	Kerl, will Er erschoß, will ei paar Kugeln vor den Kopf haben? Er ersticht mich mit sei Auge, und ich mein es gut mit ihm, weil Er ein guter Mensch ist Woyzeck, ein guter Mensch.
Doktor	Gesichtsmuskeln starr, gespannt, zuweilen hüpfend, Haltung aufgerichtet, gespannt.
Woyzeck	Ich geh! Es ist viel möglich. Der Mensch! Es ist viel möglich. Wir habe schön Wetter Herr Hauptmann. Sehn Sie, so ein schön festen grauen Himmel, man könnte Lust

---

[52] C. Plinius Secundus (d. Ä.: ca. 23−79 n. Chr.), röm. Schriftsteller. Gemeint ist hier aber wohl Plutarch (ca. 45−125 n. Chr.), der Alexanders d. Gr. Befehl überliefert, seine Soldaten sollten sich vor der Schlacht die während des Kampfes hinderlichen Bärte abschneiden.

[53] Pionier

bekomm, ein Klobe[54] hineinzuschlage und sich daran zu
hänge, nur wege des Gedankestrichels zwische ja und nein
— ja und nein. Herr Hauptmann, ja und nein? Ist das Nein
am Ja oder das Ja am Nein Schuld? Ich will drüber nach-
denke.

*(Geht mit breiten Schritten ab, erst langsam,
dann immer schneller.)*

Doktor	*(schießt ihm nach)*
	Phänomen, Woyzeck, Zulag[55].
Hauptmann	Mir wird ganz schwindlig, von den Mensche, wie schnell,

der lange Schlegel[56] greift aus, es läuft der Schatten von
einem Spinnbein, und der Kurze, das zuckelt. Der Lange
ist der Blitz und der Kleine der Donner. Haha, hinterdrein.
Das hab ich nicht gern! Ein guter Mensch ist dankbar und
hat sei Leben lieb, ein guter Mensch hat keine Courage
nicht! ein Hundsfott[57] hat Courage! Ich bin bloß in Krieg
gegangen, um mich in meiner Liebe zum Leben zu befesti-
gen … von da zur Courage; wie man zu so Gedanken
kommt, grotesk! grotesk!

(10) Die Wachtstube

Woyzeck. Andres.

Andres	*(singt)*	Frau Wirtin hat 'ne brave Magd,
		Sie sitzt im Garten Tag und Nacht,
		Sie sitzt in ihrem Garten …
Woyzeck		Andres!
Andres		Nu?
Woyzeck		Schön Wetter.
Andres		Sonntagsonnwetter, und Musik vor der Stadt. Vorhin sind
		die Weibsbilder hin, die Mensche dämpfe[58], das geht.
Woyzeck		*(unruhig)*
		Tanz, Andres, sie tanze.

---

54 eigtl. Kloben: gespaltenes Holzstück
55 Zulag: Erhöhung der finanziellen Zuwendung durch den Doktor
56 Schlegel: langer Stock, Werkzeug zum Schlagen, hier im übertragenen Sinne: langer Kerl
57 Schurke
58 dampfen, schwitzen

Andres	Im Rössel und in Sternen[59].
Woyzeck	Tanz, Tanz.
Andres	Meintwege.

> Sie sitzt in ihrem Garten
> Bis daß das Glöcklein zwölfe schlägt   5
> Und paßt auf die Solda-aten.

Woyzeck	Andres, ich hab kein Ruh.
Andres	Narr!
Woyzeck	Ich muß hinaus. Es dreht sich mir vor den Augen. Was sie heiße Händ habe. Verdammt Andres! 10
Andres	Was willst du?
Woyzeck	Ich muß fort.
Andres	Mit dem Mensch.
Woyzeck	Ich muß hinaus, 's ist so heiß da hie.

(11) Wirtshaus   15

Die Fenster offen, Tanz. Bänke vor dem Haus.
B u r s c h e n .

1. Handwerksbursch	Ich hab ein Hemdlein an, Das ist nicht mein. Meine Seele stinkt nach Brandewein. – 20
2. Handwerksbursch	Bruder, soll ich dir aus Freundschaft ein Loch in die Natur mache? Verdammt! Ich will ein Loch in die Natur machen. Ich bin auch ein Kerl, du weißt, ich will ihm alle Flöh am Leib tot schlage.
1. Handwerksbursch	Meine Seele, mei Seele stinkt nach Brandewein. – Selbst 25 das Geld geht in Verwesung über. Vergißmeinnicht! Wie ist diese Welt so schön. Bruder, ich muß ein Regenfaß voll greinen[60]. Ich wollt unse Nasen wäre zwei Bouteille[61] und wir könnte sie uns einander in de Hals gießen. *(Woyzeck stellt sich ans Fenster. Marie und der Tambourmajor* 30 *tanzen vorbei, ohne ihn zu bemerken.)*

[59] gemeint sind Gasthöfe dieser Namen
[60] weinen
[61] Flasche(n)

Die Andern	*(im Chor):*	Ein Jäger aus der Pfalz,

Ritt einst durch einen grünen Wald,
Halli, halloh, gar lustig ist die Jägerei
Allhier auf grüner Heid,
Das Jagen ist mei Freud. 5

Marie *(im Vorbeitanzen)*
Immer zu − immer zu. −

Woyzeck *(erstickt)*
Immer zu − immer zu!
(Fährt heftig auf und sinkt zurück auf die Bank.) 10
Immer zu, immer zu.
(Schlägt die Hände ineinander.)
Dreht euch, wälzt euch. Warum bläst Gott nicht die Sonn
aus[62], daß Alles in Unzucht sich übernander wälzt. Mann
und Weib, Mensch und Vieh. Tut's am hellen Tag, tut's 15
einem auf den Händen, wie die Mücken. − Weib. − Das
Weib ist heiß, heiß! − Immer zu, immer zu.
(Fährt auf.)
Der Kerl! Wie er an ihr herumtappt, an ihrn Leib, er, er hat
sie … − zu Anfang. 20

1. Handwerksbursch *(predigt[63] auf dem Tisch)*
Jedoch wenn ein Wandrer, der gelehnt steht an den Strom
der Zeit oder aber sich die göttliche Weisheit beantwortet
und sich anredet: Warum ist der Mensch? Warum ist der
Mensch? − Aber wahrlich ich sage euch, von was hätte der 25
Landmann, der Weißbinder[64], der Schuster, der Arzt leben
sollen, wenn Gott den Menschen nicht geschaffen hätte?
Von was hätte der Schneider leben sollen, wenn er dem
Menschen nicht die Empfindung der Scham eingepflanzt,
von was der Soldat, wenn er ihn nicht mit dem Bedürfnis 30
sich totzuschlagen ausgerüstet hätte. Darum zweifelt nicht,
ja, ja, es ist lieblich und fein, aber Alles Irdische ist eitel[65],
selbst das Geld geht in Verwesung über. − Zum Beschluß,
mei geliebte Zuhörer, laßt uns noch übers Kreuz pissen,
damit ein Jud stirbt[66]. 35

---

[62] Büchner verwendet hier wohl erneut Motive aus der Apokalypse.
[63] Versatzstücke aus der Bibel werden zu einer Predigtsatire genutzt.
[64] hess.: Maler, Anstreicher
[65] vgl. das barocke „vanitas"-Motiv (Eitelkeit, Nichtigkeit): Klagen über die irdische Vergänglichkeit
[66] antisemitische, abergläubische Zote

(12) Freies Feld

Woyzeck	Immer zu! immer zu! Still. Musik. —

(Reckt sich gegen den Boden.)
He was, was sagt ihr? Lauter, lauter, stich, stich die Zickwolfin[67] tot? Stich, stich die Zickwolfin tot. Soll ich? Muß
ich? Hör ich's da auch, sagt's der Wind auch? Hör ich's
immer, immer zu, stich tot, tot.

(13) Nacht

Andres und Woyzeck in einem Bett.

Woyzeck	*(schüttelt Andres)*

Andres! Andres! ich kann nit schlafe, wenn ich die Auge
zumach, dreht sich's immer und ich hör die Geigen, immer
zu, immer zu, und dann spricht's aus der Wand, hörst du
nix?

Andres	Ja, — laß sie tanze! Gott behüt uns. Amen.

(Schläft wieder ein.)

Woyzeck	Es zieht mir zwischen de Auge wie ein Messer.
Andres	Du mußt Schnaps trinke und Pulver drein, das schneidt das Fieber.

(14) Wirtshaus

Tambourmajor. Woyzeck. Leute.

Tambourmajor	Ich bin ein Mann!

(schlägt sich auf die Brust)
ein Mann sag ich. Wer will was? Wer kein bsoffe Herrgott
ist der laß sich von mir[68]! Ich wollt ihm die Nas ins
Arschloch prügeln. Ich will —
(zu Woyzeck)
da Kerl, sauf, der Mann muß saufen. Ich wollt die Welt wär
Schnaps, Schnaps.

Woyzeck	*(pfeift)*
Tambourmajor	Kerl, soll ich dir die Zunge aus dem Hals ziehe und sie um den Leib herumwickle?

[67] Zusammensetzung aus Zick = Ziege und Wölfin
[68] der halte sich von mir entfernt

(Sie ringen, Woyzeck verliert.)
Soll ich dir noch soviel Atem lassen als ein Altweiberfurz, soll ich?

Woyzeck	*(setzt sich erschöpft zitternd auf die Bank)*
Tambourmajor	Der Kerl soll dunkelblau pfeifen. Ha.

Brandewein das ist mein Leben
Brandwein gibt Courage!

Eine	Der hat sei Fett.
Andre	Er blut.
Woyzeck	Eins nach dem andern.

(15) Woyzeck. Der Jude

Woyzeck Das Pistolche is zu teuer.

Jud Nu, kauft's oder kauft's nit, was is?

Woyzeck Was kost das Messer?

Jud 's ist ganz, grad. Wollt Ihr Euch den Hals mit abschneide? Nu, was is es? Ich geb's Euch so wohlfeil wie ein andern, Ihr sollt Euern Tod wohlfeil habe, aber doch nit umsonst. Was is es? Er soll en ökonomische Tod habe.

Woyzeck Das kann mehr als Brot schneiden.

Jud Zwe Grosche.

Woyzeck Da!
(Geht ab.)

Jud Da! Als ob's nichts wär. Und es is doch Geld. Der Hund.

(16) Marie. Das Kind. Der Idiot

Marie *(blättert in der Bibel)*
»Und ist kein Betrug in seinem Munde erfunden ...[69]«
Herrgott, Herrgott! Sieh mich nicht an.
(Blättert weiter.)
»... aber die Pharisäer brachten ein Weib zu ihm, im Ehebruche begriffen und stelleten sie ins Mittel dar. — Jesus aber sprach: so verdamme ich dich auch nicht. Geh hin und sündige hinfort nicht mehr[70].«

[69] vgl. NT, 1 Petrus 2, 22
[70] vgl. NT, Johannes 8, 3—11

Marie	*(Schlägt die Hände zusammen.)* Herrgott! Herrgott! Ich kann nicht. Herrgott gib mir nur soviel, daß ich beten kann. *(Das Kind drängt sich an sie.)* Das Kind, gibt mit einen Stich ins Herz. Fort! Das brüht $\quad$ 5 sich in der Sonne!
Karl	*(liegt und erzählt sich Märchen an den Fingern.)* Der hat die golden Kron[71], der Herr König. Morgen hol ich der Frau Königin ihr Kind[72]. Blutwurst sagt: komm Leberwurst[73]. $\quad$ 10 *(Er nimmt das Kind und wird still.)*
Marie	Der Franz ist nit gekomm, gestern nit, heut nit, es wird heiß hier. *(Sie macht das Fenster auf.)* »… Und trat hinein zu seinen Füßen und weinete und fing $\quad$ 15 an seine Füße zu netzen mit Tränen und mit den Haaren ihres Hauptes zu trocknen und küssete seine Füße und salbete sie mit Salben.« *(Schlägt sich auf die Brust.)* Alles tot! Heiland ich möchte dir die Füße salben[74]. $\quad$ 20

(17) Kaserne

A n d r e s . W o y z e c k kramt in seinen Sachen.

Woyzeck	Das Kamisolche[75] Andres, ist nit zur Montur[76], du kannst's brauche, Andres. Das Kreuz is mei Schwester und das Ringlein, ich hab auch noch ein Heiligen, zwei Herze und $\quad$ 25 schön Gold, es lag in meiner Mutter Bibel, und da steht:

> Leiden sei all mein Gewinst,
> Leiden sei mein Gottesdienst,
> Herr wie dein Leib war rot und wund,
> So laß mein Herz sein aller Stund[77]. $\quad$ 30

---

[71] möglicherweise Motiv aus einem Märchen, das Ludwig Bechstein in seinem Märchenbuch (erschienen 1845) unter dem Titel „Goldener" überlieferte
[72] vgl. Grimm, KHM 55 (Rumpelstilzchen)
[73] wahrscheinlich Zitat aus einem elsäss. Märchen; vgl. die Sammlung „Elsäßisches Volksbüchlein" von August Stoeber (1808—84)
[74] vgl. NT, Lukas 7, 37 ff.
[75] kurzes Hemd, Unterjacke
[76] Dienstkleidung, Uniform
[77] Neuere Forschungsergebnisse gehen davon aus, daß Büchner diese Strophe eines ihm bekannten pietistischen Kirchenliedes von Chr. Fr. Richter geringfügig verändert hat.

Mei Mutter fühlt nur noch, wenn ihr die Sonn auf die Händ scheint. Das tut nix.

Andres (ganz starr, sagt zu Allem:)
Ja wohl.

Woyzeck (zieht ein Papier heraus)
Friedrich Johann Franz Woyzeck, geschworner Füsilier[78] im 2. Regiment, 2. Bataillon, 4. Kompagnie, geboren Mariä Verkündigung[79], ich bin heut, den 20. Juli, alt 30 Jahr, 7 Monat und 12 Tage.

Andres Franz, du kommst ins Lazarett. Armer, du mußt Schnaps trinke und Pulver drei, das tödt das Fieber.

Woyzeck Ja Andres, wann der Schreiner die Hobelspän[80] sammelt, es weiß niemand, wer sein Kopf drauf lege wird.

(18) Der Hof des Professors

Studenten unten, der Professor am Dachfenster.

Professor Meine Herrn, ich bin auf dem Dach, wie David, als er die Bathseba[81] sah; aber ich sehe nichts als die culs de Paris[82] der Mädchenpension im Garten trocknen. Meine Herrn wir sind an der wichtigen Frage über das Verhältnis des Subjektes zum Objekt. Wenn wir nur eins von den Dingen nehmen, worin sich die organische Selbstaffirmation des Göttlichen[83], auf einem der hohen Standpunkte manifestiert, und ihre Verhältnisse zum Raum, zur Erde, zum Planetarischen untersuchen, meine Herrn, wenn ich diese Katze zum Fenster hinauswerf, wie wird diese Wesenheit sich zum centrum gravitationis[84] und dem eignen Instinkt verhalten. He Woyzeck,
(brüllt)
Woyzeck!

Woyzeck Herr Professor sie beißt.

[78] vereidigter Infanterist
[79] 25. März
[80] vgl. Anm. 3
[81] vgl. AT, 2 Samuel 11, 2
[82] zur Hervorhebung eines bestimmten Modeideals unter dem Damenrock getragenes Gesäßpolster
[83] Selbstaffirmation: Selbstbestätigung. Vergegenständlichung des Göttlichen im organischen Leben
[84] Zentrum der Schwerkraft, Erdmittelpunkt

Professor	Kerl, Er greift die Bestie so zärtlich an, als wär's sei Groß-mutter.
Woyzeck	Herr Doktor ich hab's Zittern[85].
Doktor	*(ganz erfreut)*
	Ei, Ei, schön Woyzeck.
	(Reibt sich die Hände. Er nimmt die Katze.)
	Was seh ich meine Herrn, die neue Spezies Hasenlaus[86], eine schöne Spezies, wesentlich verschieden, enfoncé[87], der Herr Doktor[88].
	(Er zieht eine Lupe heraus).
	Rizinus, meine Herrn —
	(Die Katze läuft fort.)
	Meine Herrn, das Tier hat kein wissenschaftlichen Instinkt.
Professor	Rizinus, herauf, die schönsten Exemplare, bringen Sie Ihre Pelzkragen!
Doktor	Meine Herrn, Sie können dafür was andres sehen, sehn Sie der Mensch, seit einem Vierteljahr ißt er nichts als Erbsen, beackte Sie die Wirkung, fühle Sie einmal was ein unglei-cher Puls, da, und die Augen.
Woyzeck	Herr Doktor es wird mir dunkel. *(Er setzt sich.)*
Doktor	Courage Woyzeck noch ein paar Tage, und dann ist's fertig, fühlen Sie, meine Herrn, fühlen Sie.
	(Sie betasten ihm Schläfe, Puls und Busen.)
	à propos, Woyzeck, beweg den Herren doch eimal die Ohre, ich hab es Ihnen schon zeigen wollen. Zwei Muskeln sind bei ihm tätig. Allons[89] frisch!
Woyzeck	Ach Herr Doktor!
Doktor	Bestie, soll ich dir die Ohre bewege, willst du's machen wie die Katze! So meine Herrn, das sind so Übergänge zum Esel, häufig auch in Folge weiblicher Erziehung, und die Muttersprache. Wieviel Haare hat dir dei Mutter zum

---

[85] wohl Folgen der Spezialdiät, der Woyzeck sich auf Geheiß des Doktors unterziehen mußte.
[86] Pelztierschädling (lat. ricinus)
[87] frz.: eingegraben (tief ins Fell)
[88] Es ist bisher nicht ganz geklärt, ob Büchner Professor und Doktor als e i n e Person anzulegen gedachte. Demnach ist hier aufgrund der handschriftlichen Überlieferung schwer zu entscheiden, ob es sich in dieser Szene um eine Selbstanrede des Doktors oder eine versehentlich falsche Anrede des Professors handelt.
[89] frz.: laßt uns gehen!

Andenke schon ausgerissen aus Zärtlichkeit? Sie sind dir
ja ganz dünn geworden, seit ein Paar Tagen, ja die Erbse,
meine Herren.

(19) Marie mit Mädchen vor der Haustür

Mädchen	(*singen*) Wie scheint die Sonn Sankt Lichtmeßtag[90]	5
	Und steht das Korn im Blühn.	
	Sie ginge wohl die Straße hin,	
	Sie ginge zu zwei und zwein.	
	Die Pfeifer gingen vorn	
	Die Geiger hinter drein.	10
	Sie hatte rote …	

Erstes Kind	's ist nit schön.	*Andere*	
Zweites Kind	Was wills du auch immer.	(*abwechselnd dazwischen*).	
Erstes Kind	Was hast zuerst angefange.	Warum?	
Zweites Kind	Ich kann nit.	Darum!	15
Anderes	Es muß sing.	Aber warum darum?	
Kinder	Marieche sing du uns.		
Marie	Kommt ihr klei Krabbe!		
	Ringle, ringel Rosekranz,		
	König Herodes. …		20
	Großmutter erzähl!		

Großmutter Es war einmal ein arm Kind und hat kein Vater und kei
Mutter, war Alles tot und war Niemand mehr auf der Welt.
Alles tot, und es ist hingegangen und hat gerrt Tag und
Nacht. Und wie auf der Erd Niemand mehr war, wollt's in   25
Himmel gehn, und der Mond guckt es so freundlich an und
wie's endlich zum Mond kam, war's ein Stück faul Holz
und da ist es zur Sonn gangen und wie's zur Sonn kam,
war's ein verwelkt Sonneblum und wie's zu den Sternen
kam, warn's klei golde Mücke, die warn angesteckt wie der   30
Neuntöter sie auf die Schlehe steckt, und wie's wieder auf
die Erd wollt, war die Erd ein umgestürzter Hafen und war
ganz allein und da hat sich's hingesetzt und gerrt und da
sitzt es noch und ist ganz allein[91].

---

[90] 2. Februar
[91] vgl. Grimm, KHM 153 und 25; siehe Materialienteil S. 90-92; „gerrt" steht hier für „gegerrt", ober-
hess. und nassauisch für „laut geweint".

Woyzeck	Marie!
Marie	*(erschreckt)* Was ist?
Woyzeck	Marie wir wolle gehn, 's ist Zeit.
Marie	Wohinaus?
Woyzeck	Weiß ich's?

(20) Marie und Woyzeck

Marie	Also dort hinaus ist die Stadt, 's ist finster.
Woyzeck	Du sollst noch bleiben. Komm setz dich.
Marie	Aber ich muß fort.
Woyzeck	Du würdst dir die Füße nicht wund laufen.
Marie	Wie bist du denn auch!
Woyzeck	Weißt du auch wie lang es jetzt ist Marie?
Marie	Um Pfingsten zwei Jahr.
Woyzeck	Weißt du auch wie lang es noch sein wird?
Marie	Ich muß fort, der Nachttau fallt.
Woyzeck	Friert's dich, Marie, und doch bist du warm. Was du heiße Lippen hast! − heiß, heißn Hurenatem und doch möcht ich den Himmel gebe sie noch eimal zu küsse − und wenn man kalt ist, so friert man nicht mehr. Du wirst vom Morgentau nicht frieren.
Marie	Was sagst du?
Woyzeck	Nix. *(Schweigen.)*
Marie	Was der Mond rot aufgeht.
Woyzeck	Wie ein blutig Eisen.
Marie	Was hast du vor? Franz, du bist so blaß. Franz halt. Um des Himmels willen. Hü- Hülfe!
Woyzeck	Nimm das, und das! Kannst du nicht sterbe? So! so! Ha sie zuckt noch, noch nicht noch nicht? Immer noch? *(Stößt zu.)* Bist du tot? Tot! Tot! *(Es kommen Leute, läuft weg.)*

5

10

15

20

25

30

(21) Es kommen Leute

Erste Person	Halt!
Zweite Person	Hörst du? Still! Dort!
Erste Person	Uu! Da! Was ein Ton.
Zweite Person	Es ist das Wasser, es ruft, schon lang ist Niemand ertrun- 5 ken. Fort, 's ist nicht gut, es zu hören.
Erste Person	Uu, jetzt wieder. Wie ein Mensch der stirbt.
Zweite Person	Es ist unheimlich, so duftig — halb Nebel, grau und das Summen der Käfer, wie gesprungne Glocke. Fort!
Erste Person	Nein, zu deutlich, zu laut. Da hinauf. Komm mit. 10

(22) Das Wirtshaus

Woyzeck	Tanzt alle, immer zu, schwitzt und stinkt, er holt euch doch eimal Alle.
	(Singt). Frau Wirtin hat 'ne brave Magd.
	Sie sitzt im Garten Tag und Nacht, 15
	Sie sitzt in ihrem Garten
	Bis daß das Glöcklein zwölfe schlägt
	Und paßt auf die Soldate.
	So Käthe! setz dich! Ich hab heiß! heiß, *(Er tanzt.)*
	(er zieht den Rock aus) 20
	es ist eimal so, der Teufel holt die eine und läßt die andre laufen. Käthe du bist heiß! Warum denn Käthe? Du wirst auch noch kalt werden. Sei vernünftig. Kannst du nicht singe?
Käthe	Ins Schwabeland, das mag ich nicht, 25
	Und lange Kleider trag ich nicht,
	Denn lange Kleider, spitze Schuh,
	Die kommen keiner Dienstmagd zu.
Woyzeck	Nein, kei Schuh, man kann auch ohne Schuh in die Höll gehn. 30
Käthe	O pfui mein Schatz, das war nicht fein.
	Behalt dei Taler und schlaf allein.
Woyzeck	Ja wahrhaftig, ich möchte mich nicht blutig mache.
Käthe	Aber was hast du an dei Hand?
Woyzeck	Ich? Ich? 35

Käthe	Rot! Blut.
	(Es stellen sich Leute um sie.)
Woyzeck	Blut? Blut?
Wirt	Uu Blut.
Woyzeck	Ich glaub ich hab mich geschnitte, da an die rechte Hand.
Wirt	Wie kommt's aber an de Ellenbog?
Woyzeck	Ich hab's abgewischt.
Wirt	Was, mit der rechten Hand an de rechte Ellboge? Ihr seid geschickt.
Narr	Und da hat de Ries gesagt: ich riech, ich riech, ich riech Menschefleisch[92]. Puh! Der stinkt schon.
Woyzeck	Teufel, was wollt Ihr? Was geht's Euch an? Platz! oder de erste − Teufel! Meint Ihr ich hätt jemand umgebracht? Bin ich Mörder? Was gafft Ihr! Guckt Euch selbst an! Platz da.
	(Er läuft hinaus.)

(23) Woyzeck allein

Woyzeck	Das Messer? Wo ist das Messer? Ich hab es da gelasse. Es verrät mich! Näher, noch näher! Was ist das für ein Platz? Was höre ich? Es rührt sich was. Still. Da in der Nähe. Marie? Ha Marie! Still. Alles still! Da liegt was! kalt, naß, stille. Weg von dem Platz. Das Messer, das Messer, hab ich's? So Leute. − Dort.
	(Er läuft weg.)

(24) Woyzeck an einem Teich

Woyzeck	So, da hinunter!
	(Er wirft das Messer hinein.)
	Es taucht in das dunkle Wasser, wie Stein! Der Mond ist wie ein blutig Eisen! Will denn die ganze Welt es ausplaudern? Nein es liegt zu weit vorn, wenn sie sich bade,
	(er geht in den Teich und wirft weit)
	so jetzt, aber im Sommer, wenn sie tauchen nach Muscheln, bah, es wird rostig! Wer kann's erkennen. Hätt' ich es zerbroche! Bin ich noch blutig? Ich muß mich wasche. Da ein Fleck und da noch einer.

[92] Zitat aus Grimm, KHM 25 (Die sieben Raben)

(25) Kinder

Erstes Kind	Fort. Mariechen!
Zweites Kind	Was is?
Erstes Kind	Weißt du's nit? Sie sind schon alle hinaus. Drauß liegt eine?
Zweites Kind	Wo?
Erstes Kind	Links über die Lochschanz in die Wäldche, am roten Kreuz.
Zweites Kind	Fort, daß wir noch was sehen. Sie trage sonst hinein.

(26) Gerichtsdiener. Arzt. Richter

Gerichtsdiener	Ein guter Mord, ein ächter Mord, ein schöner Mord, so schön als man ihn nur verlangen tun kann, wir haben schon lange so kein gehabt.

(27) Der Idiot. Das Kind. Woyzeck

Karl	*(hält das Kind vor sich auf dem Schoß)* Der ist ins Wasser gefallen, der is ins Wasser gefalle, nein, der is ins Wasser gefalle.
Woyzeck	Bub, Christian.
Karl	*(sieht ihn starr an)* Der is ins Wasser gefalle.
Woyzeck	*(will das Kind liebkosen, es wendet sich weg und schreit)* Herrgott!
Karl	Der is ins Wasser gefalle.
Woyzeck	Christianche, du bekommst en Reuter[93], sa, sa. *(Das Kind wehrt sich. Zu Karl.)*
Woyzeck	Da kauf dem Bub en Reuter.
Karl	*(sieht ihn starr an)*
Woyzeck	Hop! hop! Roß.
Karl	*(jauchzend)* Hop, hop! Roß! Roß, *(Läuft mit dem Kind weg.)*

[93] hess.: Reiter

1. Leben und Werk Georg Büchners

1.1 „Zwischen den Zeiten" — Georg Büchner und die Epoche der Restauration und des Vormärz

Das kurze Leben des Dichters, Naturwissenschaftlers und Revolutionärs Georg Büchner (1813—1837) fällt in das Zeitalter der Restauration bzw. des Vormärz, wie man die Epoche zwischen dem Ende der Herrschaft Napoleons 1815 und dem europäischen Revolutionsjahr 1848 genannt hat. Auf dem Wiener Kongreß 1815 hatten es sich die europäischen Großmächte zum Ziel gesetzt, die durch die Französische Revolution und Napoleon kräftig durcheinandergeratene — und schon scheinbar auf dem Kehrichthaufen der Weltgeschichte gelandete — alte, feudalistisch-absolutistische Staatenwelt der europäischen Dynastien wieder aufzurichten und ein für allemal vor dem Virus der Volksherrschaft zu bewahren.

Die Entwicklung der Geschichte ließ sich aber auf Dauer nicht aufhalten, zu groß waren die gesellschaftlichen Widersprüche und zu lebendig und wirksam die Ideen der Aufklärung und Ideale der Französischen Revolution. Das durch Wirtschaft und Handel erstarkte Bürgertum, die beginnende Frühindustrialisierung, die Fortschritte in den Naturwissenschaften und der Technik, das soziale Elend breiter Schichten der Bevölkerung führten dazu, daß Fürstenherrschaft und Ständegesellschaft immer unzeitgemäßer erschienen; besonders in Deutschland war die überkommene feudale Ordnung den gesellschaftlichen und wirtschaftlichen Herausforderungen der neuen Zeit nicht gewachsen. Der entstehende Liberalismus, getragen von Teilen des Wirtschaftsbürgertums und der Gebildeten (Ärzte, Professoren, Juristen, Journalisten, etc.) forderte die Einhaltung des Verfassungsversprechens, das der preußische König zur Zeit der Befreiungskriege gegen Napoleon, um die Loyalität seiner Untertanen zu sichern und den aufflammenden nationalen Enthusiasmus zu kanalisieren, gegeben hatte. Der Bürger begann, sich als Staatsbürger zu begreifen und wollte nicht länger von politischer Mitsprache ausgeklammert bleiben. Frühsozialistische bzw. radikal-demokratische Strömungen forderten grundlegende soziale Reformen und die Republik; neben die rechtliche Freiheit sollte die soziale Gleichheit treten. Bei großen symbolischen Aktionen, wie etwa dem Wartburgfest 1817 oder dem Hambacher Fest 1832, demonstrierten Bürger und Burschenschaftler für Gedanken- und Versammlungsfreiheit und eine einheitliche deutsche Nation. 1815 war nämlich anstelle des erhofften deutschen Einheitsstaates als Nachfolgeorganisation des 1806 von Napoleon mit einem Federstrich ausgelöschten „Heiligen Römischen Reiches Deutscher Nation" der „Deutsche Bund" getreten, ein loser Zusammenschluß von 35 souveränen deutschen Einzelstaaten und vier Freien Städten, in dem die beiden deutschen Großmächte Preußen und Österreich den Ton angaben[1]. Vor allem der österreichische Staatskanzler Fürst Metternich, der schon die zentrale Figur auf dem Wiener Kongreß war, machte sich zum Vorreiter der Restauration und wollte, schon im Eigeninteresse Österreichs, nur die Form des Kleinstaatenbundes gelten lassen. Durch den langen Arm seiner Polizei und mit Gesetzen, die für den ganzen Deutschen Bund galten (z. B. die „Karlsbader Beschlüsse" von 1819), versuchte er, jede nationale, republikanische Gesinnung zu unterdrücken. Mit Zensurvorschriften und einer schikanösen Überwachungspolitik sollten Oppositionelle mundtot gemacht und die Aufklärung der Bevölkerung verhindert werden. Zugeständnisse an den selbst von konservativen Politikern nicht geleugneten Strukturwandel der Wirtschaft und Gesellschaft wurden zögernd allein im wirtschaftlichen Bereich gemacht; dies allerdings mit dem in Deutschland für die überkommene Machtstruktur nicht unbeträchtlichen Erfolg, daß sich große Teile des Bürgertums damit abfanden, keine volle politische Emanzipation erlangen zu können, als loyale und ordnungsliebende Untertanen ihren Frieden mit ihrem Landesherrn und der Adelsgesellschaft fanden und sich „gemütlich" im BIEDERMEIERSTAAT einrichteten. Die Zufriedenheit mit ihrer wirtschaftlichen Situation und die politische Anpassung verstärkten dabei gleichzeitig den Gegensatz zu dem größten Teil der Bevölkerung: den besitzlosen Schichten der Kleinbauern, Handwerker, Arbeiter und Tagelöhner. Auch Georg Büchner gehörte schließlich zu denjenigen radikalen Demokraten, die diesen, im folgenden Zeitalter der Industrialisierung dann gesellschaftspolitisch bestimmenden Klassengegensatz zwischen Bourgeoisie und Proletariat schon frühzeitig scharfsinnig erkannten und zum Ausgangspunkt ihrer Gesellschaftskritik machten (vgl. Büchners Flugschrift „Der Hessische Landbote").

Für den Politisierungsprozeß des jungen Georg Büchner waren wohl die Julirevolution in Frankreich 1830 und ihre Auswirkungen auf Deutschland entscheidend. Denn an ihrer Entwicklung konnte er studieren, wie die unteren Schichten der Bevölkerung um den Gewinn der Revolution gebracht wurden. Konnten sich nämlich das französische Besitzbürgertum und die liberalen politischen Kräfte nur mit Hilfe des „Drucks der Straße", d. h. den revolutionären Massen der Pariser Bevölkerung, gegen den Versuch des Bourbonenkönigs Karl X. wehren, die Stellung des Adels und des Grundbesitzes wieder zu stärken und die Zweite Kammer[2] nach einem verschärften Zensuswahlrecht wählen zu lassen, so blieb der Großteil der Bevölkerung nach der erfolgten Abdankung Karls X. und dem Regierungsantritt des als liberal geltenden Bürgerkönigs Louis Philippe von Orléans aufgrund des weiterhin bestehenden Zensuswahlrechts von politischer Mitsprache ausgeschlossen. Der französische Revolutionär Blanqui[3] sprach dann auch davon, daß sich lediglich „das Bildnis der Münzen, welche die Proletarier ohnehin selten genug zu Gesicht bekämen, änderte". Der Bürgerkönig hatte den Wahlzensus nur soweit gesenkt, daß ein größerer Teil des Bürgertums wählen konnte; die Vertreter weitergehender politischer, vor allem sozialer Reformen, etwa die Neobabouvisten[4], Buonarotti[5] oder Blanqui, die für Büchner zum Vorbild seiner Versuche wurden, revolutionäre Zirkel zu gründen, wurden genauso verfolgt wie vorher.

Die Julirevolution und der zur gleichen Zeit stattfindende Freiheitskampf der Polen erweckten zwar in Deutschland den liberalen Freiheits- und Einheitsgedanken zu neuem Leben, einzelne Fürsten mußten dem Druck der Bürger auch kurzfristig nachgeben und bewilligten einmal mehr Verfassungen, die soziale Frage spielte dabei aber keine Rolle. Der politische Anspruch des Bürgertums richtete sich gegen die Privilegien des Adels, man wollte keine radikale Revolution, sondern im Grunde einen größeren Spielraum für die wirtschaftliche und politische Entfaltung des besitzenden Bürgertums, mithin eine Gleichberechtigung mit dem Adel, nicht dessen Entmachtung. Man forderte einen liberaleren Staat in einer einheitlichen Nation – und dachte dabei an den damit verbundenen einheitlichen Wirtschaftsraum, der endlich die den Handel und die wirtschaftliche Entfaltung des Bürgertums erheblich behindernden zahlreichen Zollgrenzen und unterschiedlichen Maß- und Münzsysteme im Verbund der deutschen Kleinstaaterei überwinden würde.

Büchner und seine Freunde sahen sehr deutlich, daß bei den Auseinandersetzungen zwischen Bürger und Adel der gemeine Mann keine Stimme hatte. Es sollte ihr Anliegen werden, diesem eine zu verleihen. Der sich nun auch in Deutschland abzeichnende Strukturwandel vom Feudalismus zum Kapitalismus hatte zu einer sozialen Verelendung breiter Teile der Bevölkerung geführt. Büchner wollte Sprachrohr dieser Menschen sein, sie über ihre Lage aufklären und ihnen aus ihrer politischen und geistigen Ohnmacht helfen. Dieses Anliegen steht hinter dem „Hessischen Landboten", einer sozialrevolutionären Flugschrift, mit der er hoffte, die hessische Landbevölkerung zum Aufstand gegen die zum Himmel schreiende soziale Ungerechtigkeit im Großherzogtum Hessen bewegen zu können. Einerseits vollgestopft mit drastischen Fakten zur steuerlichen Ausbeutung der Landbevölkerung und zur Verschwendungssucht bei Hofe, andererseits adressatengerecht veranschaulicht durch häufige Bibelzitate, gemahnt diese rhetorisch gekonnte Aufklärungsschrift an die Aufrufe Thomas Münzers und anderer Prediger zur Zeit der radikalen Reformation und der Bauernkriege. Verfaßt hatte Büchner den „Landboten" für die von ihm in Gießen und Darmstadt gegründete konspirative „Gesellschaft der Menschenrechte", zu der auch ehemalige Mitschüler Büchners wie Minnigerode gehörten. Den Namen und zahlreiche Programmpunkte hatte Büchner von der französischen „Société des Droits de l'homme" übernommen. Da eine eigene Druckerpresse fehlte, geschahen Herstellung und Verbreitung der Schrift in Zusammenarbeit mit dem Rektor und Pfarrer Friedrich Ludwig Weidig (1791−1837), dem Kopf der oppositionellen und revolutionären Bewegung im Oberhessischen, der im übrigen den ‚Landboten' redaktionell überarbeitete und inhaltlich mit Rücksicht auf eventuelle liberale Bündnispartner entschärfte, indem er z. B. überall dort, wo Büchner von den ‚Reichen' spricht, das allein auf die Aristokratie zu beziehende Wort ‚Vornehme' einsetzte. Ein Teil der Druckexemplare konnte heimlich unter der Landbevölkerung verteilt werden, dann flog das gesamte Unternehmen durch Verrat auf. Fast alle Beteiligten wurden nach und nach verhaftet und hart bestraft (Weidig selbst starb nach demütigender Haft unter ungeklärten Umständen im Gefängnis), die Verschwörung wurde in langen Prozessen minutiös aufgeklärt (die Protokolle umfassen allein 160 Bände und stellen heute eine unschätzbare Quelle zum Wirken Büchners zu jener Zeit dar), und Georg Büchner konnte sich nur durch eine Flucht nach Straßburg im März 1835 der drohenden Verhaftung entziehen. Zuvor hatte er noch in kürzester Zeit sein Revolutionsdrama „Dantons Tod" fertigstellen können.

Wer, wie Büchner, als junger Student zu Beginn der dreißiger Jahre häufig die Wegstrecken zwischen Heimatort und Studienplatz wandernd zurücklegte (aus finanziellen Gründen oder weil auf der Flucht der Fußweg unabhängiger und damit vor Grenz- und Polizeikontrollen sicherer war als die offiziellen Wege der Postkutsche) und dies mit offenen Augen tat, dem blieb ein Anschauungsunterricht in Sachen „Soziale Frage" nicht verborgen. Wenngleich Büchners Heimatland, das Großherzogtum Hessen, nicht einmal zu den autoritärsten Kleinstaaten des Deutschen Bundes gehörte, und die Bürger vor allem unter der gönnerhaften und spätaufklärerischen Herrschaft des Großherzogs Ludwig I. einen beträchtlichen Anteil an Verwaltung und Gestaltung des Landes erlangt hatten, war hier das soziale Elend genauso gegenwärtig wie in den anderen deutschen Staaten; in Oberhessen gar, also in der Nähe von Büchners Heimatstadt Darmstadt, waren selbst noch nicht einmal alle Feudallasten (wie z. B. bestimmte Frondienste) von den Bauern genommen, was unter anderem 1830 zu einem weithin beachteten Bauernaufstand führte, der blutig niedergeschlagen wurde.

Im Großherzogtum Hessen, zu jener Zeit der neuntgrößte Mitgliedsstaat des Deutschen Bundes, lebten ca. 650 000 Einwohner auf einer Fläche, die ungefähr etwas weniger als 50 % des gegenwärtigen Bundeslandes Hessen ausmachte. In der Residenzstadt Darmstadt, in der Büchner aufwuchs und zur

Schule ging, lebten rund 20 000 Einwohner. Wegen seiner zahlreichen adeligen Militär-, Hof- und Regierungsbeamten bezeichnete Georg Büchners jüngster Bruder Alexander Darmstadt dann auch treffend als ‚Pensionopolis‘ (vgl. den „Hessischen Landboten“, in dem Büchner auf die hohen Ausgaben für Pensionen aufmerksam macht). Georg Büchner selbst beklagte sich häufig, vor allem, nachdem er Straßburg kennengelernt hatte, über die geistige Enge und Verschlafenheit der Provinz und die Winkelpolitik des Hofstaates. Zur Anschaulichkeit trägt bei, wenn man sich vergegenwärtigt, daß Hessen an nicht weniger als zehn [!] „ausländische“ deutsche Nachbarkleinstaaten grenzte (was im übrigen auch sein Gutes hatte: Zehn Grenzen hieß auch, zehn Möglichkeiten zu flüchten, was für die vielen politisch Verfolgten — wie Büchner selbst — und die vielen verzweifelten Armen, die nach Amerika auswandern wollten, aber keine Erlaubnis erhielten, oft der einzige Ausweg war).

Neben die alltägliche Nähe politischer Unfreiheit und Rückständigkeit und die dieser Gegenwart gegenüberstehenden politischen Ideen der Aufklärung und Französischen Revolution trat aber noch ein anderer Grund, der so viele Söhne aus dem Bürgertum dazu brachte, sich gegen die herrschenden Machtstrukturen (und damit oft genug gegen das eigene Elternhaus) aufzulehnen: die Ausbildung an Gymnasium und Universität. Dies mag zunächst paradox klingen, waren doch deren vornehmste Erziehungsziele Gehorsam, Ordnung, Pünktlichkeit, Selbstdisziplin, Fleiß und Gottesfürchtigkeit. Neugierigen und aufgeschlossenen Jugendlichen fiel es aber nicht schwer, sehr schnell die Diskrepanz zwischen dem an den klassischen Idealen von Freiheit und Schönheit ausgerichteten Menschenbild, das ihnen im Unterricht vermittelt wurde, und der politischen und sozialen Realität im Alltag zu erkennen. Louise Büchner, eine Schwester Georgs, hat in einer späteren Novelle ‚Ein Dichter‘ auf diesen Zwiespalt hingewiesen, als sie einen Gymnasiallehrer an einer Stelle sagen läßt:

„… Aber ich kann euch nicht sagen, wie die Burschen mich oft dauern; da werden sie bei uns in den Gymnasien großgezogen mit der Weisheit der Klassiker, ihr Kopf brennt von den Freiheitskriegen der Griechen, und der römische Republikanismus wächst ihnen in Fleisch und Bein. Keiner von ihnen … der sich nicht in eine wirklich gefühlte Glut von Bürgertugend und Bürgerstolz hineindeklamiert. Mit diesem Himmel in der Brust werden sie dann hineingestoßen in die wirkliche Welt, in unsere kleinlichen, engen Verhältnisse, in denen sich schon eine Schwalbe den Kopf einrennt, geschweige denn ein Adler. Ihre Brust glüht von Freiheitsdrang, und sie müssen Sklaven werden; sie fühlen sich als Cicero und Demosthenes im Dienste der Gerechtigkeit und Vaterlandsliebe zu reden befähigt, aber wo ist die Arena für die Eloquenz, die sie einmal im Leben auf dem Rede-Aktus des Gymnasiums frei entfalten durften? Schweigt! donnert ihnen überall die Polizei entgegen; schweigt! heißt es in den Gerichtssälen, denn was wissen wir von öffentlichen Gerichten? Schweigt! heißt es selbst in den Kammern, wenn ihr nicht Vertrauen zu flöten wißt. Nur auf der Kanzel, da dürfen sie sprechen, aber wie, das wissen wir Lehrer am besten, denen schon tausendmal ein beklommenes Mutterherz zugeflüstert: ‚Meinen Sie nicht auch, Herr Doktor, mein Sohn sollte Theologie studieren, für etwas anderes ist er zu beschränkt?' ... Zwischen unserer sogenannten klassischen Bildung und Erziehung und unserem wirklichen Staatsleben klafft ein Abgrund, in den sich noch manche edle Jünglingsgestalt opfernd hinabstürzen wird; aber ob es ihm dadurch gelingt, das Vaterland zu retten, ist eine andere Frage ..."[6]

Vieles spricht dafür, daß Louise Büchner hier ihren Bruder und dessen Schulfreunde vor Augen gehabt hat — das entworfene Bild trifft jedenfalls auf sie zu, und zwar sowohl in bezug auf die Lektüre der griechischen und römischen Klassiker, die für die Schüler das Muster für republikanische Freiheit abgaben, als auch im Hinblick auf den vom Lehrer angesprochenen „Rede-Aktus". Früher war es üblich, daß bei Schulfeiern im Unterricht besonders hervorgetretene Schüler eine an klassischer Rhetorik geschulte Rede halten durften, die oft eine selbständige Interpretation antiker Reden oder historischer Ereignisse darstellte. Auch Büchner wurde zweimal das Privileg zuteil, zum Abschluß des Semesters am ‚Pädagog', dem Darmstädter Gymnasium, das er vom Frühjahr 1825 bis Frühjahr 1831 besuchte, als Redner aufzutreten. Da ungefähr 40 % [!] des gesamten Unterrichts den Fächern Latein und Griechisch galt, ist es nicht weiter verwunderlich, daß Büchner und seine Mitschüler die Reden in fließendem Latein oder Griechisch selbst abfaßten und vortrugen.

Mit ihrer jugendlich-aufrührerischen, autoritätsfeindlichen, später dann sozialrevolutionären Haltung reagierten Büchner und seine Freunde nicht nur auf aktuelle politisch-soziale Gegebenheiten, sondern zugleich auf umfassendere Probleme, die mit dem Strukturwandel der beginnenden modernen Gesellschaft verbunden waren. Vor allem die sich abzeichnende Industrielle Revolution, verbunden mit einem schnellen Bevölkerungswachstum, führte zu einem grundlegenden Wandel der bisherigen Lebensverhältnisse. Durch immer neue Erfindungen und ihre technische Anwendung wurden die Naturkräfte dem Menschen dienstbar gemacht. Durch die gesteigerte Konkurrenz im Wirtschaftsbereich, die strengeren Anforderungen an Arbeitshaltung und Leistung des einzelnen, durch die Erfahrung, daß Zeit Geld ist, wurden aber auf der anderen Seite auch das Dasein und alltägliche Leben, das Miteinander der Menschen härter und kälter. Harmonie und Geselligkeit zogen sich im Verlauf der Entwicklung der bürgerlichen Gesellschaft immer weiter aus dem Bereich der Öffentlichkeit, der Straße und dem Marktplatz, zurück in die eigenen vier Wände der Kleinfamilie oder in den abgeschlossenen Raum literarischer oder politischer Clubs (Vereine). Außerhalb herrschten wirtschaftliche Konkurrenz und das strenge Reglement des Arbeitslebens. Zu einer Zeit, wo selbst in den halbfeudalistischen deutschen Kleinstaaten der Rechtsgedanke persönlicher Freiheit alte Leibeigenschafts- und Hörigkeitsverhältnisse abgelöst hatte (damit aber keinesfalls die soziale Abhängigkeit), mußten Arbeitsverhältnisse in

Vertragsform eingegangen werden, die rechtlich freie Bürger miteinander schlossen. Nun bedingt schon die Eigenart des geschäftlichen Vertrags seinen rationalen, sachlichen Charakter und verlagert die Verantwortung für die Einhaltung der Abmachungen auf *beide* Partner, wobei natürlich derjenige im Vorteil ist, der in der Position des Stärkeren ist. Der Doktor in Büchners „Woyzeck" verkörpert z. B. diesen neuen Typus des bürgerlichen Wissenschaftlers, der zugleich in der Rolle des Arbeitgebers auftritt. Mit Woyzeck geht er einen förmlichen Arbeitsvertrag ein und wird ungehalten, als sich Woyzeck nicht an die Abmachung hält. Auch Woyzeck, als Mensch auf unterster sozialer Stufe, ist persönlich frei und kann nicht einfach dienstverpflichtet werden; allerdings bleibt seinesgleichen nichts anderes übrig, als einzige „Habe" die eigene Arbeitskraft oder gar, wie eben Woyzeck, den eigenen Körper anzubieten und zu verkaufen. Entsprechend dem Charakter eines Vertrages bleibt das Verhältnis zwischen Doktor und Woyzeck ein rein sachliches; menschliche Gefühle spielen hier kaum noch eine Rolle.

Eine weitere für Büchner und die literarisch-politische Intelligenz seiner Zeit wichtige Erfahrung lag darin begründet, daß mit der seit der Aufklärung begonnenen Auflösung der alten Ordnungen eine Erschütterung der Maßstäbe einhergegangen war, die die Menschen bisher als Leitbild für ihr Denken und Leben anerkannt hatten. Der politischen wie sozialen Befreiung des einzelnen entsprach eine geistige Verselbständigung, die sich zunehmend auch kirchlichen und religiösen Einflüssen entzog. Wissenschaftlich-naturwissenschaftliches und materialistisches Denken nahm den freigewordenen Raum ein. In letzter Konsequenz führte diese „geistige Revolution" zu einer unübersehbaren — heute noch nicht abgeschlossenen — Vielfalt und Zersplitterung im gesellschaftlichen Leben und in der Wahrnehmung der Welt, in der allgemein Verbindliches, ein sicheres Lebensgefühl und gewachsene soziale Bindungen immer mehr zurücktraten; der einzelne Mensch begann, die Normen seines Daseins selbst zu bestimmen.

Am 10. Dezember 1835 kam es zu einem folgenreichen Beschluß des Deutschen Bundes, der folgenden Wortlaut hatte:

„Nachdem sich in Deutschland in neuerer Zeit, und zuletzt unter der Benennung ‚das junge Deutschland' oder ‚die junge Literatur', eine literarische Schule gebildet hat, deren Bemühungen unverhohlen dahin gehen, in belletristischen, für alle Classen von Lesern zugänglichen Schriften die christliche Religion auf die frechste Weise anzugreifen, die bestehenden socialen Verhältnisse herabzuwürdigen und alle Zucht und Sittlichkeit zu zerstören: so hat die deutsche Bundesversammlung — in Erwägung, daß es dringend notwendig sei, diesen verderblichen, die Grundpfeiler aller gesetzlichen Ordnung untergrabenden Bestrebungen durch Zusammenwirken aller Bundesregierungen sofort Einhalt zu tun, und unbeschadet weiterer vom Bunde oder von den einzelnen Regierungen zur Erreichung des Zwecks nach Umständen zu ergreifenden Maßregeln — sich zu nachstehenden Bestimmungen vereinigt:

1. Sämtliche deutschen Regierungen übernehmen die Verpflichtung, gegen die Verfasser, Verleger, Drucker und Verbreiter der Schriften aus der unter der Bezeichnung ‚das junge Deutschland' oder ‚die junge Literatur' bekannten literarischen Schule, zu welcher namentlich Heinr. Heine, Carl Gutzkow, Heinrich Laube, Ludolph Wienbarg und Theodor Mundt gehören, die Straf- und Polizei-Gesetze ihres Landes, sowie die gegen den Mißbrauch der Presse bestehenden Vorschriften, nach ihrer vollen Strenge in Anwendung zu bringen, auch die Verbreitung dieser Schriften, sei es durch den Buchhandel, durch Leihbibliotheken oder auf sonstige Weise, mit allen ihnen gesetzlich zu Gebot stehenden Mitteln zu verhindern."[7]

Diese Quelle dokumentiert einmal mehr die Verwicklung der Literatur und Schriftsteller in die politische und soziale Krise des Vormärz; zugleich zeigt sie, wie sehr die herrschenden Institutionen die Freiheit des Wortes fürchteten. Es fällt auch nicht schwer, sich Georg Büchner im Kreis der genannten Autoren vorzustellen, zumal sein literarischer Förderer Karl Gutzkow darunter ist, der Büchner im selben Jahr aufgefordert hatte, „den Schmuggelhandel der Freiheit"[8] zu betreiben; gemeint war damit die jungdeutsche Strategie, angesichts der allgegenwärtigen Zensur die politischen Ideen und Ideale im Gewande der Poesie und Kunst zu verstecken. Scheint sich also literaturhistorisch das „Junge Deutschland" als politisch-literarische Bezugsgruppe für Büchner anzubieten, so stand er diesen Autoren doch letztlich distanziert gegenüber. In einem Brief an die Familie vom Januar 1836 nimmt er dazu Stellung:

„… Übrigens gehöre ich für meine Person keineswegs zu dem sogenannten ‚Jungen Deutschland', der literarischen Partei Gutzkows und Heines. Nur ein völliges Mißkennen unserer gesellschaftlichen Verhältnisse konnte die Leute glauben machen, daß durch die Tagesliteratur eine völlige Umgestaltung unserer religiösen und gesellschaftlichen Ideen möglich sei … Ich gehe meinen Weg für mich und bleibe auf dem Felde des Dramas, das mit all diesen Streitfragen nichts zu tun hat; ich zeichne meine Charaktere, wie ich sie Natur und der Geschichte angemessen halte, und lache über die Leute, welche mich für die Moralität oder Immoralität derselben verantwortlich machen wollen. Ich habe darüber meine eignen Gedanken …"[9]

Und an anderer Stelle schreibt er an Gutzkow selbst:

„Übrigens, um aufrichtig zu seyn, Sie und ihre Freunde scheinen mir nicht grade den klügsten Weg gegangen zu seyn. Die Gesellschaft mittelst der Idee, von der gebildeten Klasse aus reformiren? Unmöglich! Unsere Zeit ist rein materiell, wären Sie je directer politisch zu Werk gegangen, so wären Sie bald auf den Punkt gekommen, wo die Reform von selbst aufgehört hätte. Sie werden nie über den Riß zwischen der gebildeten und der ungebildeten Gesellschaft hinauskommen."[10]

Der Sozialrevolutionär Büchner blieb skeptisch gegenüber einer Haltung, die glaubte, mit Hilfe literarischer und journalistischer Aufklärung die Gesellschaft verändern zu können; Büchner, der sich mit dem „Hessischen Landboten" direkt an die Unterschichten gewandt hatte, wußte, daß allein schon die Sprachbarrieren eine Vermittlung zwischen dem Anliegen der engagierten

Literaten des „Jungen Deutschland" und den Bedürfnissen der unteren Bevölkerungsgruppen scheitern lassen würden. Hellsichtig erkannte er, daß man allein mit intellektueller Zeit- und Moralkritik, mit Satiren auf König und Philister, vielleicht einen Teil des liberalen Bürgertums für die Zeitfragen sensibilisieren könnte, nicht aber die Menschen, für die der alltägliche Existenzkampf im Vordergrund stand. An Gutzkow schrieb Büchner deshalb auch, daß „das Verhältnis zwischen Armen und Reichen das einzige revolutionäre Element in der Welt" sei[11] und deutete damit die Grundbedingungen für den Klassenkampf der folgenden einhundert Jahre an. Büchners Sonderstellung zeigte literarisch die Konsequenz, daß er aus seinen Werken tagespolitische Aktualitäten und unmittelbare Agitation heraushielt, sich nicht um literarische Kleinformen und journalistische Arbeiten wie die Vertreter des „Jungen Deutschland" kümmerte, sondern die konzentrierte Gesamtdarstellung seiner Zeit in der Form des Dramas suchte und hier allerdings neue, revolutionäre Wege ging, die ihn zum Ahnherrn des modernen Dramas werden ließen. Setzte somit Büchner auch andere literarische und politische Akzente, so gilt aber letztlich dennoch für ihn die neue Bestimmung des politischen Dichters, der, wie Gutzkow an Ludwig Börne schrieb, „amphibienartig halb auf dem Festlande der Politik, halb in den Gewässern der Dichtkunst"[12] lebe. Bei Büchner wäre dies freilich nur noch um ein drittes Feld, das der Naturwissenschaft und Medizin, zu ergänzen. Die Aufhebung der Distanz zwischen Kunst und Leben, die Überwindung der Trennung von Künstlern und Volk und die gleichmäßige Berücksichtigung von Vernunft und Sinnlichkeit in allen Lebensbereichen, diese Programmpunkte umreißen die große Utopie, von der Büchner ebenso träumte wie die Schriftsteller des „Jungen Deutschland", und hier vor allem Heinrich Heine. Sicherlich nicht zufällig gestaltete Büchner diese Vorstellung unter Verwendung eines abgewandelten Heine-Zitats. In seinem Drama „Dantons Tod" läßt er die sympathischste Gestalt, den Deputierten Camille Desmoulins, sagen:

> „Die Staatsform muß ein durchsichtiges Gewand sein, das sich dicht an den Leib des Volkes schmiegt. Jedes Schwellen der Adern, jedes Spannen der Muskeln, jedes Zucken der Sehnen muß sich darin abdrücken. Die Gestalt mag nun schön oder häßlich sein, sie hat einmal das Recht zu sein wie sie ist, wir sind nicht berechtigt ihr ein Röcklein nach Belieben zuzuschneiden. Wir werden den Leuten, welche über die nackten Schultern der allerliebsten Sünderin Frankreich den Nonnenschleier werfen wollen, auf die Finger schlagen.
>
> Wir wollen nackte Götter, Bacchantinnen, olympische Spiele, und melodische Lippen: ach, die gliederlösende böse Liebe!
>
> Wir wollen den Römern nicht verwehren sich in die Ecke zu setzen und Rüben zu kochen aber sie sollen uns keine Gladiatorspiele mehr geben wollen.
>
> Der göttliche Epikur und die Venus mit dem schönen Hintern müssen statt der Heiligen Marat und Chalier die Türsteher der Republik werden."[13]

[1] Es gab zwar eine zentrale Bundesversammlung, später Bundestag genannt, mit Sitz in Frankfurt/ M., diese besaß aber keine großen Befugnisse (weder die volle Gewalt der Legislative, Exekutive noch der Judikative) und war ohnehin nicht dem Volkswillen unterworfen, genausowenig wie im übrigen die sogenannten „landständischen Vertretungen" in den Einzelstaaten. Selbst in den liberaleren „ständischen Verfassungen" Südwestdeutschlands blieb dem Mitspracherecht des Bürgers, das ohnedies an den Besitz und das Steueraufkommen gebunden wurde, kein großer Raum. Die Gesellschaft verharrte durchweg in der überkommenen Objektstellung; die gesamte Staatsgewalt blieb im Souverän vereinigt. Die „Landstände", das einzige „Zugeständnis" an das Volk nach der Aufbruchstimmung der Befreiungskriege, bedeuteten einen Schritt in die verfassungspolitische Vergangenheit.

[2] Die nach dem Sturz Napoleons eingeführte Verfassung, die ‚charte constitutionelle', sah zwei Kammern vor. Die Mitglieder der ersten ernannte der König, hier dominierte der grundbesitzende Adel, die der zweiten wurden nach einem Zensuswahlrecht gewählt. Die ‚charte' wurde zum Vorbild für die Verfassungen der liberaleren deutschen Staaten Südwestdeutschlands.

[3] Louis Auguste Blanqui (1805—1881), führender französischer Revolutionär zwischen 1830 und 1848

[4] Frühkommunistische, egalitäre politische Bewegung, benannt nach dem „geistigen Vater" François Noël (Gracchus) Babeuf (1760—1797), Anführer der „Verschwörung der Gleichen" zur Zeit des Direktoriums, hingerichtet

[5] Filippo Buonarotti (1761—1837), Anhänger Babeufs, Autor der Geschichte „Verschwörung für die Gleichheit" (1828), die die sozialistische Bewegung um 1830 stark beeinflußte

[6] Georg Büchner in Selbstzeugnissen und Bilddokumenten. Dargestellt v. Ernst Johann. Hamburg: Rowohlt[13]1977, S. 61 u. 64

[7] Zit. nach: Deutsche Literatur. Eine Sozialgeschichte. Hrsg. v. Horst Albert Glaser. Bd. 6: Vormärz: Biedermeier, Junges Deutschland, Demokraten 1815—1848. Reinbek bei Hamburg: Rowohlt 1987, S. 22

[8] Brief Gutzkows an Büchner nach Straßburg, Frankfurt a. M. 17.3.1835, in: G. Büchner. Werke und Briefe (Münchner Ausgabe). Hrsg. von Karl Pörnbacher, Gerhard Schaub, Hans-Joachim Simm und Edda Ziegler. München: Hanser 1988, S. 336

[9] Brief Büchners an die Familie, Januar 1836, in: G. Büchner. Werke und Briefe, a.a.O., S. 313

[10] Brief Büchners an Gutzkow, Anfang Juni (?) 1836, in: G. Büchner, Werke u. Briefe, a.a.O., S. 319

[11] Brief Büchners an Gutzkow, Sommer 1835, in: G. Büchner, Werke und Briefe, a.a.O., S. 303

[12] Zit. nach: Deutsche Literatur. Eine Sozialgeschichte, Bd. 6, a.a.O., S. 83

[13] G. Büchner, Dantons Tod, in: Ders., Werke u. Briefe, a.a.O., S. 67—133, hier: S. 71 (1. Akt, 1. Szene) — Vgl. dazu Heinrich Heine: Salon II (Zur Geschichte der Religion und Philosophie in Deutschland). In: Heines Werke in 5 Bänden. Hrsg. v. d. Nationalen Forschungs- u. Gedenkstätten der Klassischen Deutschen Literatur in Weimar. Berlin/Weimar 1972, Bd. 5, S. 5—142, angesprochenes Zitat: S. 70/71.
Marat: Jean Paul, geb. 1744, gest. 1793; frz. Arzt u. Politiker; Anhänger der Radikalen in der Fr. Rev.; Mitglied des Konvents; 1793 Präsident des Jakobinerclubs, mitverantwortlich für die Septembermorde u. die Bekämpfung der Girondisten. Wurde von Charlotte Corday, einer Royalistin, ermordet und in der Folgezeit zu einem Mythos der Rev. verklärt. Chalier: Anhänger Marats, vom reaktionären Mittelstand Lyons am 7. 2. 93 bei einer Erhebung hingerichtet.

Georg Büchner (1813—1837)

Beilage zum Katalog Georg Büchner,
Stroemfeld/Roter Stern, Frankfurt

Zeittafel[1]:
Georg Büchner in seiner Zeit

1813   17. Oktober: Carl Georg Büchner wird in Goddelau (südwestlich von Darmstadt, Großherzogtum Hessen-Darmstadt) geboren. Vater: Dr. Ernst Karl Büchner (1786—1861), Mediziner, Amtschirurg in Goddelau, stammt aus einer Familie im Odenwald, in der seit dem 16. Jahrhundert der Beruf des ‚Baders‘ oder ‚Chirurgus‘ häufig ist. Mutter: Caroline Büchner, geb. Reuß (1791—1858), aus landgräflich-hessischer Beamtenfamilie. Geschwister: 1. Mathilde (1815—88), 2. Wilhelm (1816—92), Pharmazeut, Inhaber einer chemischen Fabrik, Abgeordneter im hessischen Land- und im deutschen Reichstag, politische Schriften. 3. Luise (1821—77), Schriftstellerin und Frauenrechtlerin. 4. Ludwig (1824—99), Arzt; sein Buch ‚Kraft und Stoff‘ machte ihn als Vertreter des Materialismus populär. 5. Alexander (1827—1904), 1848 deutscher Revolutionär, ging nach Frankreich und wurde in Caën Literaturprofessor.

1816 Übersiedlung der Familie nach Darmstadt, wo der Vater zum Medizinalrat (1825) ernannt wird.

1822 Ostern: Eintritt in die ‚Privat-Erziehungs- und Unterrichtsanstalt‘ von Dr. Carl Weitershausen in Darmstadt.

1825 26. März: Eintritt in das humanistische Gymnasium („Pädagog") zu Darmstadt.

1828 Frühjahr: Teilnahme an einem zunächst literaturbegeisterten, dann auch politisch-oppositionellen Schülerzirkel, in dem sich spätere Mitglieder der Gießener wie der Darmstädter ‚Gesellschaft für Menschenrechte‘ treffen (1834).

1830 Sommer oder 1831: Rezension eines Mitschüleraufsatzes über den Selbstmord.

1831 30. März: nicht erhaltene Rede in lateinischer Sprache, gehalten zur Schlußfeier des Gymnasiums.
Sommer: Im medizinischen Labor des Vaters Vorbereitungen auf das Studium.
9. November: Immatrikulation an der medizinischen Fakultät in Straßburg. Büchner wohnt bei Pfarrer Johann Jakob Jaeglé, mit dessen Tochter Luise Wilhelmine, ‚Minna‘ (1810—80) er sich vermutlich 1832 verlobt.
17. November: Anschluß an den Kreis um die Theologen/Dichter August und Adolf Stoeber, die Studentenverbindung ‚Eugenia‘.

1832 24. Mai: Vortrag Büchners in der ‚Eugenia‘ über die politischen Verhältnisse in Deutschland. (Drei Tage später findet das ‚Hambacher Fest‘ statt).
August/September/Oktober: Semesterferien in Darmstadt.

1833 3. April: Frankfurter Wachensturm, den Büchner in einem Brief an die Eltern kommentiert.
August: Rückkehr Büchners nach Darmstadt, um das Studium gemäß den hessischen Gesetzen abzuschließen.
31. Oktober: Immatrikulation als Medizinstudent an der Universität Gießen.

1834 Anfang Januar: Fortsetzung des Studiums in Gießen. Sein Freund August Becker macht ihn mit dem Rektor in Butzbach Friedrich Ludwig Weidig (1791—1837) bekannt, der Verbindung zu den verschiedenen Oppositionsbewegungen in Süddeutschland unterhält.
6.—8. März: Haftentlassung mehrerer Wachenstürmer, danach mit ihnen Gründung der ‚Gesellschaft der Menschenrechte‘ in Gießen nach dem Vorbild der frz. ‚Société des Droits de l'homme et du citoyen‘. Etwa zwischen dem 13. und 25. März schreibt Büchner den Entwurf des *Hessischen Landboten*.
April: Büchner eröffnet eine Sektion der ‚Gesellschaft der Menschenrechte‘ in Darmstadt.
Mai: Überarbeitung der Flugschrift durch Weidig, die den Titel *Der Hessische Landbote* und einen „Vorbericht" erhält.
3. Juli: Versammlung hessen-darmstädtischer und kurhessischer Republikaner auf der Ruine Badenburg zwischen Gießen und Marburg zu Fragen der Flugschriftenagitation. Weidig setzt sich mit der Linie seiner Bearbeitung des *Landboten* gegen Büchner durch.

1. August: Verhaftung Minnigerodes mit 139 Exemplaren des *Landboten*.
Oktober bis Dezember: Konspirative Tätigkeiten der ‚Gesellschaft der Menschenrechte‘, Befreiungspläne für die politischen Häftlinge, Geldsammlungen für eine eigene Druckerpresse zur Fortsetzung der Flugschriftenagitation.
November: veränderte Neuauflage des *Hessischen Landboten* in Marburg

1835   Januar: Verhöre vor den Untersuchungsrichtern in Offenbach und Friedberg.
Mitte Januar: Beginn der Niederschrift von *Dantons Tod*.
21. Februar: Büchner schickt das Danton-Manuskript an den Verleger Sauerländer und dessen Redakteur Karl Gutzkow in Frankfurt am Main. Eine Woche später erhält er eine Vorladung vom Darmstädter Untersuchungsrichter.
Anfang März: Flucht aus Darmstadt.
26. März—7. April: gekürzter Vorabdruck des *Danton* in der Frankfurter Tageszeitung ‚Phönix‘, dessen Literatur-Blatt Gutzkow leitet.
April: zahlreiche Verhaftungen von Freunden Büchners im Großherzogtum und Kurfürstentum Hessen.
Mai: Erste Pläne zur Erzählung *Lenz*.
18., 23. und 27. Juni: Steckbrief Büchners wegen „Teilnahme an staatsverräterischen Handlungen“ im ‚Frankfurter Journal‘ und in der ‚Großherzoglichen Hessischen Zeitung‘ (Darmstadt).
Juli: *Dantons Tod* erscheint in verstümmelter Form als Buch bei Sauerländer.
Büchner schreibt seine Untersuchung über das Nervensystem der Barben.
Vermutlich ab November oder später: Arbeit an philosophischen Vorlesungsskripten über Griechische Philosophie, Descartes und Spinoza.

1836   13., 20. April, 4. Mai: Büchner trägt seine Abhandlung *Mémoire sur le système nerveux du barbeau* auf den Sitzungen der Straßburger Gesellschaft ‚Société d'histoire naturelle‘ in drei Teilen vor.
Spätsommer bis Mitte Oktober: Arbeit an *Leonce und Lena*.
3. September: Aufgrund der Untersuchung über das Nervensystem der Barben wird Büchner von der Universität Zürich zum Dr. phil. promoviert.
18. Oktober: Abreise aus Straßburg nach Zürich.
5. November: Büchner hält an der Universität Zürich seine Probevorlesung *Über Schädelnerven*, er wird zum Privatdozenten ernannt und offiziell in die Fakultät aufgenommen.
November bis Ende Januar: Büchner hält sein erstes Kolleg („Zootomische Demonstrationen“), arbeitet weiter an seinen Dramen *Leonce und Lena*, *Woyzeck* und vermutlich *Pietro Aretino* (verschollen).

1837   Ende Januar: Plan zur Veröffentlichung der drei Dramen. Anmietung eines großen Zimmers am Zürichsee.
2. Februar: Büchner erkrankt plötzlich.
14. Februar: Schönlein diagnostiziert Typhusinfektion. Der Zustand verschlechtert sich zusehends.
17. Februar: Minna Jaeglé trifft in Zürich ein.
19. Februar: Büchner stirbt nachmittags gegen 4 Uhr.
21. Februar: Begräbnis auf dem Züricher Friedhof am Zeltberg, dem ‚Krautgarten‘-Friedhof der Großmünstergemeinde.

---

¹ Zeittafel stark gekürzt nach: G. Büchner. Werke und Briefe, a.a.O., S. 406—11

1.2 Werk und Editionsproblematik

Eine Beschäftigung mit Büchners ‚Woyzeck' hat sich immer wieder der Tatsache zu erinnern, daß dieses Stück nur in Entwürfen und Bruchstücken überliefert und es noch nicht einmal gewährleistet ist, ob Büchner überhaupt diesen Titel vorgesehen hat. Auch die vorliegende Lesefassung stellt nur eine Möglichkeit dar, wie eine endgültige Fassung eventuell ausgesehen haben könnte und von Büchner geplant war. Der fragmentarische Zustand der sich im Nachlaß befindenden Handschriften hat denn auch zu einer der spannendsten, verwickeltsten und umstrittendsten Editionsgeschichten geführt, die wohl je einem Werk der Weltliteratur zuteil wurde. Wer sich hierüber näher informieren will, sei auf die Arbeiten von Henri Poschmann, Gerhard Schmid und Burghard Dedner verwiesen, die diesen Sachverhalt in verständlicher Form aufgearbeitet haben[1].

Zu der Schwierigkeit, daß Büchner keine fertige, inhaltlich geschlossene Handschrift bzw. für den Druck bestimmte Fassung hinterlassen hat, treten das Problem des schlechten Zustands der vorhandenen handschriftlichen Entwürfe und die kaum zu entziffernde Schrift Büchners, die einen eher an Woyzecks Äußerung in Szene 8 „Wer das lesen könnt" erinnert. Sehr anschaulich beschreibt H. Poschmann diese Sachlage:

„Die Editionsgeschichte des Textes und die sie begleitende streitbare Sekundärliteratur zeugen von den angestrengten Bemühungen, das Textknäuel ‚Woyzeck' zu entwirren. Sie haben auch den Handschriften selbst ihre Spuren eingeprägt ... bis zu den Folgen der chemischen Radikalkur, mit der Karl Emil Franzos (der Herausgeber der ersten Woyzeck-Ausgabe 1879, Kauffeldt/Mainz) versuchte, den unleserlichen Text aus den Handschriften herauszupräparieren. Zeilenweises Bestreichen der Handschrift mit destilliertem Wasser und darauf mit Schwefelammoniak brachte die schon damals weitgehend verblaßten Schriftzüge ‚auf kurze Zeit wieder kohlschwarz hervor' (Franzos), ließ sie aber danach um so stärker verblassen. Die Prozedur ... war nicht geeignet, wie Franzos hoffte, die so ungemein verschlossenen Handschriften zum Sprechen zu zwingen. Vielmehr konfrontierte sie ihn erst vollends mit der eigentlichen Schwierigkeit, da er zwar die großenteils flüchtigen Schriftzüge Büchners momentan in gestochener Schärfe sichtbar vor sich hatte, aber damit noch keineswegs lesbarer ... Abgegriffen, brüchig und mürbe, mit einigen Textstellen, wo die verblaßte Tinte (von billiger Sorte ebenso wie das Papier) schon restlos erloschen ist, gehören die Woyzeck-Handschriften heute zu den schonungsbedürftigsten Papieren der Welt"[2]

Hier soll die Lage der Handschriften nur kurz skizziert werden. Jede Woyzeck-Textfassung ist darauf angewiesen, sich auf die allein hinterlassenen vier handschriftlichen Entwurfs- bzw. Entstehungsstufen zu beziehen, die die Forschung gemeinhin als H1—H4 bezeichnet. Während H3 nur zwei verstreute Bruchstücke versammelt (sie haben als Szenen 18 und 27 Eingang in die hier vorliegende Lesefassung gefunden) bestehen die übrigen Entwurfsstufen aus größeren Szenengruppen. Die letzte Entwurfsstufe (H4) wird als notwendige Grundlage für jeden Versuch einer zusammenhängenden Textfassung angesehen und auch als „vorläufige Reinschrift" bezeichnet. Was die Rekonstruktion einer geschlossenen Textfassung so schwer macht, liegt nun daran, daß die einzelnen Seiten der Handschriften weder durchgezählt noch die jeweiligen Szenen numeriert worden sind — so bleibt also unklar, welchen endgültigen Aufbau Büchner plante.

Wichtig bleibt aber, daß es im Verlauf der verschiedenen Entwurfsstufen zu einer *bedeutenden* Ausgestaltung der Grundsituation kommt, die viel über die Intentionen Büchners verrät und Anhaltspunkte für die vorgesehene Ausarbeitung gibt.

„Dabei läßt die Beschaffenheit der meisten Szenen aller Fassungen annehmen, daß auch die Vollendung des Dramas nicht zur gewohnten klassischen Trauerspiel-Form geführt hätte.

Entscheidend ist dabei der Wechsel von H1 zu H2. Mit der Einführung von Doctor und Hauptmann wird die zentrale Person Woyzeck in einen gesellschaftlichen Zusammenhang gestellt, der Personen wie Ereignisse bestimmt, so daß in der Entwicklung von H1 zu H2 (und H4 bestätigt das) die Abkehr von der Eifersuchtstragödie zur Darstellung eines auf gesellschaftlichen Umständen beruhenden Irreseins stattfindet.

Durch diese Veränderung der Gesamtthematik wird die Bedeutung der eigentlichen Handlung (Entwicklung des Eifersuchtsmotivs bis zu seinem Abschluß im Mord) zugunsten der analysierenden Darstellung des Zustands eines besonderen Individuums im Sozialzusammenhang zurückgedrängt. Aufgrund dieser analytischen Grundabsicht Büchners gewinnen die einzelnen Szenen einen Eigenwert, der ihnen in Dramen der klassischen Form nicht zukommt: im klassischen Handlungsdrama ist die Szenenordnung vom logischen Aufbau der Handlungsentwicklung vorgeschrieben, so daß die einzelne Szene ihre Bedeutung nur als notwendiges Glied der Kette erhält, — im ‚Woyzeck' hingegen, der keine eigengesetzlich ablaufende Handlung hat, stehen die Szenen nicht unter dem Gesetz der zeitlichen Abfolge. Es herrscht kein strenges Kausalprinzip, das sie untereinander verknüpfen könnte: keine der ‚Woyzeck'-Szenen setzt unbedingt die vorhergehende voraus, um selber sinnvoll zu werden.

Diese isolierten Szenen schließen sich zu einem Mosaik zusammen, in dem erst durch das Zusammenwirken aller die Darstellung der gesellschaftlichen Totalität erreicht wird. In dieser Szenenanordnung erscheinen die diversen Lebensbereiche Woyzecks: er bildet das Zentrum des Dramas, um das herum die verschiedenen Aspekte gruppiert werden"[3].

---

[1] Vgl. H. Poschmann: Die Woyzeck-Handschriften in: Georg Büchner: Katalog zur Ausstellung, Darmstadt. Basel/Frankfurt/M: Stroemfeld-Roter Stern 1987, S. 333—337 sowie G. Schmid: Probleme der Textkonstituierung bei Büchners ‚Woyzeck' in: H. G. Werner (Hrsg.): Studien zu G. Büchner. Weimar-Berlin 1988, S. 207—226. B. Dedner (Hrsg.): Erläuterungen und Dokumente — Woyzeck. Stuttgart 1999.

[2] H. Poschmann, Die Woyzeck-Handschriften …, a. a. O., S. 335 f.

[3] Albert Meier: Georg Büchner ‚Woyzeck'. München: Fink 1980, S. 33 f.

1.3 Entstehung des Werkes

Von Büchner selbst sind keine näheren Äußerungen zur Arbeit an seinem Drama bekannt. Dennoch geht die Forschung, aufgrund einiger Anspielungen in Briefen Büchners, davon aus, daß die verschiedenen Entstehungsstufen des Stückes im Sommer/Herbst 1836 in Straßburg niedergeschrieben worden sind.

Wie in seinem Revolutionsdrama „Dantons Tod" und seiner Erzählung „Lenz", die eine Episode im tragischen Leben des früh verstorbenen Sturm- und Drang-Dichters Jakob Michael Reinhold Lenz gestaltet, griff Büchner auch für sein Woyzeck-Projekt auf historisch authentische Fälle und Begebenheiten zurück. Vermutlich in der Bibliothek seines Vaters fand Büchner in juristischen und medizinischen Zeitschriften Darstellungen und Untersuchungsberichte zu drei berühmten Kriminalfällen, die als gesicherte Quellen des „Woyzeck" gelten:

„1. Der Fall des 41jährigen Johann Christian Woyzeck, der am 21. Juni 1821 in Leipzig seine Geliebte Johanna Christiane Woost erstochen hat. Dieser Fall erregte großes öffentliches Aufsehen, da sich an der Frage von Woyzecks Zurechnungsfähigkeit eine vor allem in Zeitschriften ausgetragene Debatte zwischen Medizinern, Juristen und Privatleuten entzündete, die den interessanten Einzelfall zum Anlaß für grundsätzliche Überlegungen über das damals immer noch neue Prinzip der Unzurechnungsfähigkeit nahm. Wichtigster Text in dieser Debatte sind die beiden Gutachten des Königlich Sächsischen Hofrats Dr. Johann Christian August Clarus, der als einziger den Angeklagten persönlich untersucht hat. Sein Gutachten führte zur Hinrichtung Woyzecks, da es eine Unzurechnungsfähigkeit ausschloß. Clarus war zu dieser Haltung gekommen, weil er an Woyzeck weder eindeutiges Irresein noch sonstige körperliche Krankheiten feststellen konnte. Büchner hat diese beiden Gutachten mit Sicherheit gekannt, da er in seinem Drama viele Einzelheiten verwendete, die nur in den Gutachten zu finden gewesen waren.

2. Der Fall des 38jährigen Tabakspinnergesellen Daniel Schmolling, der am 25. September 1817 bei Berlin seine Geliebte Henriette Lehne erstochen hat. Schmolling wurde zum Tode verurteilt - nach einem medizinischen Gutachten, das auf Unzurechnungsfähigkeit plädierte, und mehreren juristischen Verteidigungsschriften wurde die Todesstrafe aber in lebenslängliche Haft umgewandelt.

3. Der Fall des 37jährigen Leinwebergesellen Johann Dieß, der am 15. August 1830 in der Nähe von Darmstadt seine Geliebte Elisabetha Reuter erstochen hat. Aufgrund eines medizinischen Gutachtens, das seine Zurechnungsfähigkeit behauptet, wird Dieß zu 18 Jahren Zuchthaus verurteilt. Er stirbt dort am 23. Mai 1834.

Alle drei Fälle weisen weitgehende inhaltliche Übereinstimmungen sowohl untereinander wie mit den verschiedenen Fassungen von Büchners Drama auf. Von besonderem Interesse für Büchner dürfte aber gewesen sein, daß jedesmal die Frage nach der Zurechnungsfähigkeit der Täter gestellt worden war. Damit war aber immer auch die Frage nach den Ursachen für derartige Verbrechen aufgeworfen, die Büchner grundsätzlich beschäftigte, wie sich nicht nur aus seiner Darstellung des ‚Woyzeck'-Stoffs, sondern auch aus persönlichen Äußerungen ergibt: ‚Was ist das, was in uns lügt, mordet, stiehlt?'"[1]

---

[1]   Zusammenstellung der Fälle nach Meier: G. Büchner ‚Woyzeck', a.a.O., S. 18 f.

2. Der historische Woyzeck und die ideengeschichtlichen Einflüsse auf die Dramatisierung des Stoffes

2.1 Der „Fall Woyzeck"

Der historische Woyzeck — Lebenslauf

1 Johann Christian Woyzeck, geboren am 3. Januar 1780 in Leipzig als Sohn eines Perückenmachers, wurde in der zeitgenössischen Öffentlichkeit, in Jurisprudenz und Gerichtsmedizin berühmt durch seinen „Fall".

Nach mehreren fehlgeschlagenen Versuchen, eine Handwerkerlehre erfolgreich zu beenden, und nach Jahren vergeblicher Arbeitssuche ließ sich Woyzeck in den unruhigen Zeiten der nachrevolutionären Kriegswirren zunächst von holländischen, dann von schwedischen und mecklenburgischen Truppen anwerben. Er desertierte dann wiederum zu den Schweden — offenbar weil er, nach dem Gutachten des Hofrats Clarus, zu einem Mädchen in Stralsund, das ein Kind von ihm hatte, zurückkehren wollte. Schließlich kam Woyzeck, als verabschiedeter preußischer Soldat, im Winter 1818 nach Leipzig zurück und traf dort mit der Witwe Woost, der Stieftochter seiner Vermieterin, zusammen. Johanna Christiane Woost wurde Woyzecks Geliebte. Es kam jedoch bald zu heftigen Eifersuchtsszenen, als sie sich weigerte, den Umgang mit anderen Männern, insbesondere mit Leipziger Stadtsoldaten, aufzugeben. Woyzeck wurde, nach verschiedenen kleineren Diebstählen, wegen Mißhandlung der Frau Woost zu Beginn des Jahres 1821 zu acht Tagen Arrest verurteilt. Er sank sozial ab und fand nicht einmal mehr Hilfsarbeiten, übernachtete im Freien,

lebte von der Bettelei. Am 2. Juni 1821 erstach Woyzeck seine Geliebte. „Die Tat selbst ergab sich aus dieser Konstellation von Arbeitslosigkeit, Hunger, Erniedrigung aller Art, Haß und Eifersucht" (Hans Mayer).

Woyzeck wurde verhaftet und zum Tod durch das Schwert verurteilt. Mehrere Gutachten, Gegengutachten und Verteidigungsschriften befaßten sich mit dem ‚Fall'. Ihre Beurteilungen basieren auf den verschiedensten Kriterien: der Physiologie (des Blutkreislaufs), der Pathologie und der Psychologie. Fragen nach der Veranlagung, nach den individuellen und gesellschaftlichen Bedingungen, nach der Zurechnungsfähigkeit während der Tat wurden eingehend diskutiert. Der Prozeß erstreckte sich über mehrere Jahre — und auch nach der Hinrichtung Woyzecks am 27. August 1824 war der Fall Woyzeck ein Thema für die Wissenschaft. Woyzecks Schicksal und seine unterschiedlichen Beurteilungen erregten das Interesse auch der medizinisch nicht gebildeten Zeitgenossen. „Aus solchem Übergang zwischen der Flucht in das Undeutbare und dessen plumper Deutung aus Körperlichem, zwischen der idealistischen, romantischen, okkultistischen Deutung des Seelischen und seiner Zurückführung auf Stoffwechsel und Blutkreislauf ist auch die Wirkung des Kriminalfalles Woyzeck auf die Zeitgenossen zu begreifen" (Mayer).

Vorwort zum 2. Clarus-Gutachten

Das Gutachten selbst enthält umfangreiche, detaillierte Beschreibungen der Untersuchungsergebnisse. Im Vorwort äußerte sich Hofrat Clarus zu allgemeinen Grundsätzen seiner Gutachtertätigkeit. Dieses Vorwort vermittelt einen aufschlußreichen Einblick in den Zusammenhang von Erkenntnis und Interesse bei der Strafverfolgung im vorigen Jahrhundert.

2 Eine Handlung der strafenden Gerechtigkeit, wie sie der größere Theil der gegenwärtigen Generation hier noch nicht erlebt hat* bereitet sich vor. Der Mörder *Woyzeck* erwartet in diesen Tagen, nach dreijähriger Untersuchung, den Lohn seiner That durch die Hand des Scharfrichters. Kalt und gedankenlos kann wohl nur der stumpfsinnige Egoist, und mit roher Schaulust nur der entartete Halbmensch diesem Tage des Gerichtes entgegen sehen. Den Gebildeten und Fühlenden ergreift tiefes, banges Mitleid, da er in dem Verbrecher noch immer den Menschen, den ehemaligen Mitbürger und Mitgenossen der Wohlthaten einer gemeinschaftlichen Religion, einer seegensvollen und milden Regierung, und so mancher lokalen Vorzüge und Annehmlichkeiten des hiesigen Aufenthalts erblickt, der, durch ein unstätes, wüstes, gedankenloses und unthätiges Leben von einer Stufe der moralischen Verwilderung zur anderen herabgesunken, endlich im finstern Aufruhr roher Leidenschaften, ein Menschenleben zerstörte, und der nun, ausgestoßen von der Gesellschaft, das seine auf dem Blutgerüste durch Menschenhand verlieren soll.

Aber neben dem Mitleiden und neben dem Gefühl alles dessen, was die Todesstrafe Schreckliches und Widerstrebendes hat, muß sich, wenn es nicht zur kränkelnden Empfindelei, oder gar zur Grimasse werden soll**, der Gedanke an die *unverletzliche Heiligkeit des Gesetzes* erheben, das zwar, so wie die Menschheit selbst,

einer fortschreitenden Milderung und Verbesserung fähig ist, das aber, so lange es besteht, zum Schutz der Throne und der Hütten auf strenger Waage wägen muß, wo es schonen und wo es strafen soll, und das von denen, die ihm dienen, und die es als Zeugen, oder als Kunstverständige, um Aufklärung befragt, *Wahrheit* und nicht Gefühle verlangt.

Eine solche Aufklärung ist in *Woyzecks* Kriminalprozeß, als es zweifelhaft geworden war, *ob er seines Verstandes mächtig*, und mithin *zurechnungsfähig sey* oder nicht, von mir, als Physikus[1] hiesiger Stadt, erfordert worden, und es ist wohl keinem Zweifel unterworfen, daß die hierdurch veranlaßte Untersuchung seines Seelenzustandes und die Begutachtung desselben einen entscheidenden Einfluß auf sein Schicksal gehabt hat.

Unter diesen Umständen glaubte ich es dem verehrten Publikum, so wie mir selbst, schuldig zu seyn, dieses wichtige Aktenstück, welches ich anfänglich für eine später zu veranstaltende Sammlung wichtiger gerichtsärztlicher Verhandlungen bestimmt hatte, mit Bewilligung der Kriminalbehörde, schon jetzt öffentlich bekannt zu machen, und die zur allgemeinen Uebersicht der Sache gehörigen Nachrichten aus den Akten hinzuzufügen. Jeder gebildete Leser wird aus dieser Schrift nicht nur die ganz eignen Schicksale des Delinquenten, sondern auch die Thatsachen, welche Zweifel an dessen Zurechnungsfähigkeit erregten, und die Gründe, welche *für* die letztere entschieden haben, vollständig kennen lernen. — Dem Psychologen werden die sonderbare Mischung des Charakters, und die Aeusserungen dieses Menschen, Stoff zu mannigfaltigen Betrachtungen geben. — Der Rechtsgelehrte wird den eigenthümlichen Gang dieses Prozesses bemerkenswerth finden, der nach zweimaliger Vertheidigung des Inquisiten, nach Fällung eines gleichlautenden Urtheils durch zwei verschiedne Dikasterien[2], und nach landesherrlicher Bestätigung desselben, bis zur Vollstreckung der Execution fortgeschritten war, aber noch im letzten Augenblicke, auf die einfache Anzeige eines Privatmannes, zu einer ganz neuen Untersuchung führte, welche die Bestätigung des ersten Urtheils zur Folge hatte. — Dem Gerichtsarzt endlich bietet diese Schrift die sehr schwierige Bearbeitung eines zweifelhaften Seelenzustandes dar, der in Rücksicht auf den Umfang der zu beurtheilenden Thatsachen, in den Annalen dieser Wissenschaft, meines Wissens, keine gleich kommt. Alle Leser aller Stände aber werden, wie ich hoffe, Gelegenheit haben sich zu überzeugen, daß bei dieser, Leben und Tod entscheidenden Untersuchung, mit Fleiß, Gewissenhaftigkeit und treuer Wahrheitsliebe zu Werke gegangen worden ist. Dieselbe Wahrheitsliebe und Gewissenhaftigkeit macht es mir zur Pflicht dem würdigen Vertheidiger dieses Delinquenten, Herrn Handelsgerichtsaktuarius[3] *Hänsel*, obgleich er in dieser Sache mein Gegner gewesen ist, hier öffentlich zu bezeugen: daß er mit unermüdetem Eifer, und mit dem rühmlichsten Aufwand von Scharfsinn und Kenntnissen seinem Schutzbefohlnen gedient, und bis zum letzten Augenblick kein Gnadenmittel unversucht gelassen hat, um die Erlassung der Todesstrafe zu erwirken. Zugleich fühle ich ihm mich zu dem aufrichtigsten Danke verbunden, daß er nicht mit den bekannten Waffen der Defensoren vom gewöhnlichen Schlage gegen mich in die Schranken getreten ist, sondern mit

der Ruhe und dem Anstand, wie sie gebildeten und ihres Faches kundigen Männern gegen andere Sachverständige geziemt, meine Ansichten bestritten hat.

Und so hoffe ich denn, daß durch Lesung dieser Schrift das Publikum sich in der Ueberzeugung bestärken werde, daß alle Diejenigen, denen auf die Entscheidung dieses wichtigen Rechtsfalles einiger Einfluß zu Theil geworden ist, ihre Pflicht, so weit nur immer menschliche Kräfte reichen, redlich erfüllt haben, und daß es, bei einer ganz nahe liegenden Vergleichung desselben mit dem berüchtigten *Fonk'*schen Prozesse, mit mir das Glück erkennen müsse, in einem Lande zu leben, wo nicht unwissende Geschworne, bei unvollständigen Beweisen, nach einem dunkeln moralischen Gefühl über Leben und Tod richten, sondern wo Thatsachen und Urtheile, von denen Menschenleben abhängt, der strengsten und vielseitigsten Prüfung unterworfen, und selbst dem überwiesenen Verbrecher, bei mindestens Anscheine einer Verminderung seiner Schuld, eine neue Frist, und eine neue Untersuchung verstattet, der Publicität solcher Verhandlungen aber kein Hinderniß in den Weg gelegt wird.

Mögen daher alle, welche den Unglücklichen zum Tode begleiten, oder Zeugen desselben seyn werden, das Mitgefühl, welches der Verbrecher als Mensch verdient, mit der Ueberzeugung verbinden, daß das Gesetz, zur Ordnung des Ganzen, auch gehandhabt werden müsse, und daß die Gerechtigkeit, die das Schwerdt nicht umsonst trägt, *Gottes* Dienerin ist. — Mögen Lehrer und Prediger, und alle Diejenigen, welche über Anstalten des öffentlichen Unterrichts wachen, ihres hohen Berufs eingedenk, nie vergessen, daß von ihnen eine bessere Gesittung und eine Zeit ausgehen muß, in der es der Weisheit der Regierungen und Gesetzgeber möglich seyn wird, die Strafen noch mehr zu mildern, als es bereits geschehen ist. — Möge die heranwachsende Jugend bei dem

Anblicke des blutenden Verbrechers, oder bei dem Gedanken an ihn, sich tief die Wahrheit einprägen, daß Arbeitsscheu, Spiel, Trunkenheit, ungesetzmäßige Befriedigung der Geschlechtslust, und schlechte Gesellschaft, ungeahnt und all-mählich zu Verbrechen und zum Blutgerü-ste führen können. — Mögen endlich alle, mit dem festen Entschlusse, von dieser schauerlichen Handlung zurückkehren: Besser zu *seyn*, damit es besser *werde*. Leipzig, den 16. August 1824.

* Am 20. August 1790 wurde an dem Mörder *Jonas* die letzte Execution an hiesigem Orte vollzogen.
** Man erinnere sich an die Vorgänge nach der Hinrichtung des eben erwähnten *Jonas*, wo zarte Frauen Blumen streuend zum Hochgericht walleten, und am Schafte des Rades die Inschrift gefunden wurde: *Ruhe sanft guter Jonas!*
1 Kreis- bzw. Bezirksarzt (veraltet)
2 Gerichtshöfe
3 Gerichtsangestellter (veraltet)

2.2 „Wir arme Leut" — Pauperfiguren und Pauper-Problematik im „Woyzeck"

Bertolt Brechts Gedicht „Fragen eines lesenden Arbeiters" hat zum Nachdenken beigetragen: Sozial- und mentalitätsgeschichtliche Forschungen sind inzwischen darum bemüht, das meist freudlose Leben der Unterschichten zu erhellen, uns eine Vorstellungswelt von den Lebensbedingungen der einfachen, der „gemeinen"[1] Menschen zu schaffen. Haben sich die Armen früherer Zeiten in ihr Schicksal ergeben, oder probten sie den Aufstand gegen ihre Unterdrücker? Wie frei waren sie? Besaßen sie Rechte trotz ihres Untertanenstatus? Was charakterisiert ihr Denken, das meist nicht durch schulische Bildung geprägt wurde? Nur wenige „arme Leut" waren in der Lage, ihr Schicksal schriftlich darzustellen[2]; sie erwarben ihre Kenntnisse autodidaktisch oder gelangten durch die Gunst ihrer Förderer zur Fähigkeit des Lesens und Schreibens. Unser Wissen hierüber bedarf der stetigen Ergänzung durch andere Quellen als die primären Textzeugnisse.

Das christlich geprägte Mittelalter war bestimmt vom Gehorsam des Knechtes gegenüber dem Herrn, der seinerseits jedoch die Verpflichtung kannte, seine Untergebenen zu schützen und für sie zu sorgen. Bauernkriege und Reformationswirren schienen zunächst die alte Ordnung gänzlich zu zerstören, aber der „gemeine" Mann unterlag: Die barocke Welt des Absolutismus verschärfte die hierarchische Gesellschaftsformation. Selbst der Französischen Revolution gelang keine dauerhafte Durchsetzung von Herrschaftsstrukturen, die auf den Menschenrechten basieren: Woyzecks Welt, im ersten Drittel des

19. Jahrhunderts, war nach wie vor gekennzeichnet durch das Spannungsgefüge reich-arm, frei-unfrei, herrschend-beherrscht. Der soziale Umbruch der frühen Industriellen Revolution hatte weitreichende Folgen: Fabriksiedlungen, Elendsviertel, lange Arbeitszeiten, Kinderarbeit, Absinken der Reallöhne, Niedergang des selbständigen Handwerksstandes — Lebensbedingungen einer außer Kontrolle geratenen Wirtschaftsform. Zwar beklagten Staatsmänner wie Philosophen den „Pauperismus", die Lage der Verelendeten, als entsetzliches Unglück, kamen aber zu dem Schluß, daß man es nicht vermeiden könne[3]. Der Staat dürfe sich nicht einmischen, dies werde die Lage noch verschlimmern, öffentliche Wohlfahrt solle die äußerste Not lindern. Endgültige Besserung versprach man sich von weiteren Steigerungen der Produktion, damit das neue städtische Proletariat durch normale Löhne zu einem gesicherten Einkommen gelange.

Die aktuelle Büchner-Forschung sieht in Woyzeck den Typus des „Pauper", im Diesseits dazu bestimmt, Stöcke für die Prügelstrafe zu schneiden (Szene 1), selbst im Jenseits noch dazu verdammt, „donnern zu helfen" (Szene 5). Auch sein Tod muß „wohlfeil", „ökonomisch" sein (Szene 15). Die Religion empfiehlt den Niedergehaltenen Demut und die „Furcht des Herrn"; sie vertröstet diejenigen, die ihr Leben lang Not leiden, mit der Hoffnung auf himmlischen Lohn[4]. Wie schon im „Hessischen Landboten" benutzt Büchner auch im „Woyzeck" zahlreiche Bibelzitate und Anspielungen auf die Bibel[5], weil sie als Argumentationsquelle einen hohen Wiedererkennungswert auch beim einfachen — überwiegend protestantischen — Volk hat. Es versteht die Aussagen der Bibel als direkte Handlungsanweisungen, Ge- und Verbote. Woyzecks Berufung auf die Gnade Jesu („Der liebe Gott wird den armen Wurm nicht drum ansehn, ob das Amen drüber gesagt ist, eh er gemacht wurde. Der Herr sprach: Lasset die Kindlein zu mir kommen", Szene 5) kann als Auflehnung gegen den Gott des Schreckens gedeutet werden, der die Glaubensvorstellungen in jener Zeit so sehr prägt und die herrschaftssichernde Verbindung von Politik und Glauben, von Thron und Altar, schafft. An wenigen Stellen beläßt Büchner Woyzeck nicht in „kreatürlicher Dumpfheit", sondern läßt ihn sich selbst in seinem kollektiven Schicksal erkennen: „Wir arme Leut", „wir gemeinen Leut", „ich bin ein armer Kerl", „unseins ist doch einmal unselig in der und der anderen Welt" (alle Zitate aus Szene 5), „ich bin ein armer Teufel" (Szene 9).

Marie ist „Pauper" wie Woyzeck, ja fast alle Personen gehören dieser gesellschaftlichen Schicht (nicht Klasse) an, eindeutig ausgenommen nur Doktor/Professor und Hauptmann, obwohl Text 5 deutlich macht, daß auch die wirtschaftliche Situation des Offiziersstandes als eher schlecht einzuschätzen ist. Zwei Personen bedürfen in diesem Zusammenhang besonderer Erwähnung: Zum einen der erste Handwerksbursch, der in Szene 11 auf dem Wirtshaustisch predigt. Im Grunde ist auch er ein „Pauper", er verfügt aber über die Teilbildung und Schlitzohrigkeit eines Menschen, der wandernd umherzieht und von anderen profitiert. Seine Predigttravestie[6] beantwortet die Sinnfrage der Existenz des Menschen damit, daß der Mensch um der Produktion willen da ist[7]. Die sarkastische Verwendung des Vanitas-Motivs („Alles Irdische ist eitel, selbst das Geld geht in Verwesung über") zeigt eine andere Form der Lebensbewältigung durch einen „Pauper": Der „redende" Handwerksbursch und der „schweigende Dulder" Woyzeck sind Antagonisten.

Zum anderen bedarf die Randfigur des Narren/Idioten Karl der Erläuterung. Heinz Fischer[8] hat darauf aufmerksam gemacht, daß Büchners Straßburger Studienfreund Alexis Muston im Collegium Wilhelmitanum wohnte, wo ein Faktotum namens Karl, „un peu idiot", als Bediensteter der Studenten arbeitete. Er kommt nach ebenso gründlicher wie vorsichtiger Überprüfung der überlieferten Quellen zu dem Schluß, neben den schriftlichen Vorlagen (Woyzecks Enthauptung erfolgte 1824 in Leipzig) könne die Begegnung mit dem „pauvre homme nommé Karll" auslösendes Moment für die Niederschrift des „Woyzeck" gewesen sein. Ein Narr (Idiot) Karl findet sich in den verschiedenen Entwurfsstufen des Dramas, wird jedoch stellenweise wieder getilgt. Offenkundig war er zunächst ausersehen, im „Woyzeck" eine gewichtigere Rolle zu spielen. Möglicherweise sollte er den Weg vorausweisen, den Woyzeck nimmt. Karl, der Idiot (vgl. Abb. S. 64), verkörpert indes den „Pauper" in seiner extremen Form: „Il ne possède rien"; er ist geistig wie materiell arm; er erweckt nur noch Mitleid.

---

[1] ursprüngl. Bedeutung: gemeinsam, gemeinschaftlich, allgemein. Da das, was vielen gemeinsam ist, nicht wertvoll sein kann, erhielt das Wort den abwertenden Nebensinn „unheilig, alltäglich, gewöhnlich, roh, niederträchtig". Das substantivierte Adjektiv „der Gemeine" bezeichnet den Soldaten des untersten Ranges.

[2] Zu nennen sind hier vor allem Jung-Stilling, Moritz, Seume und Hirzel. In der Reihe „Stationen der Literatur" erschien Ulrich Bräkers „Lebensgeschichte und natürliche Abenteuer des armen Mannes im Tockenburg" (mit Materialien), hrsg. von Hans-Joachim Helmich, Düsseldorf 1986.

[3] Wegbereiter dieser Auffassung war Robert Malthus (1766–1834), der in seinem Essay über das Bevölkerungsprinzip (1798) das Elend auf „Gesetze" zurückgeführt hatte, die angeblich so unabänderlich waren wie die Gesetze der Schwerkraft.

[4] Vgl. Alfons Glück: „Herrschende Ideen". Die Rolle der Ideologie, Indoktrination und Desorientierung in Georg Büchners Woyzeck. In: GBJb 5 (1985), S. 53–138, hier: S. 74.

[5] Aus Platzgründen geben die Hrsg. nur eindeutig verifizierbare Quellenhinweise zum Alten und Neuen Testament (vgl. Anm. z. Text).

[6] komisch-satirische Umbildung ernster Dichtung, wobei der Inhalt in unpassender, lächerlicher Form dargeboten wird.

[7] Vgl. Gerhard Jancke: Georg Büchner. Genese und Aktualität seines Werkes. Einführung in das Gesamtwerk. Königstein: Athenäum³1979, S. 271 ff.

[8] Heinz Fischer: Georg Büchner und Alexis Muston. Ein Büchner-Fund. München: Fink 1987, S. 50–67.

Paul Böckmann: Der „gemeine Mann" als Dulder — eine Folge der Reformation?*

3 Vor allem die Flugschriften der Jahre 1520—1525 lassen deutlich erkennen, wie tief das Deutschland der Reformationszeit in allen Schichten sich bewegt fühlte und wie sehr damals die öffentliche Meinung neu geformt wurde. Eine unübersehbare Flut von Drucken geht in die Lande hinaus; von 1517—1525 hat man die Zahl der Flugschriften und Drucke auf etwa 2000 geschätzt. Es sind vorwiegend Schriften, in denen sich die Reformation spiegelt und um den neuen Glauben gerungen wird. Aber das ist das überraschende und wichtige: in diesen ersten Jahren der Reformation geht es nicht einseitig um Fragen des Glaubens und der Lehre, sondern jeder theologische Streitpunkt führt tief hinein in die Grundstruktur des gesamten politischen und sozialen Daseins und berührt tatsächlich das Volksleben in all seinen Gestaltungen. Die religiöse Bewegung ist damals von sich aus schon eine soziale und politische. Es geht nicht um innerkirchliche Streitigkeiten allein, sondern um die Gesamtordnung des mittelalterlichen Lebens und damit um ein neues Bild vom deutschen Menschen. Das hängt mit dem Grundprinzip der Reformation eng zusammen. Denn der Rückgang auf die Schrift stellt nicht nur Lehrmeinungen in Frage, sondern Institutionen. [...]

Luther meint allein im Glauben stehen bleiben zu können und wirft dem revolutionierenden Gedanken der Prediger den Satz entgegen: „daß die Oberkeit böse und unrecht ist, entschuldigt kein Rotterei noch Aufruhr". Er dreht nur wieder den Spieß um, wenn er nun seinerseits den Bauern vorwirft, daß sie als Heiden handelten, sofern sie gegen ihre Herren vorgingen. Die Obrigkeit soll man wissen, „wie nicht wider Christen streite, sondern wider Heiden"; und den Bauern ruft er zu, daß sie „nicht als die Christen, sondern als die Heiden wider die Oberkeit" streiten.

Luther trennt damit in stärkstem Maße den christlichen Glauben von allem weltlichen Handeln ab und sieht keine Möglichkeit, den gemeinen Mann in die öffentliche Verantwortung hineinzustellen; er verleugnet damit den ihm selbst wesentlichen Amts- und Gemeindegedanken in seiner Auswirkung auf den weltlichen Bereich und fordert nur noch den leidenden Gehorsam. „Höret nu zu, lieben Christen, euer christlich Recht. So spricht euer oberster Herr Christus, des Namen ihr führet, Matth. 5.39: Ihr sollt dem Übel nicht widerstehen. ... Denn an diesen Sprüchen greift ein Kind wohl, daß christlich Recht sei, nicht sich sträuben wider Unrecht, nicht zum Schwert greifen, nicht sich wehren, nicht sich rächen, sondern dahingeben Leib und Gut, daß es raube, wer da raubet. ... Denn habt Recht, wie hoch ihr wöllet, so gebührt keinem Christen zu rechten noch zu fechten, sondern Unrecht zu leiden und das Übel zu dulden; da wird nicht anders aus". In dieser Bereitschaft zum Erleiden und Erdulden, zum passiven Gehorsam bricht ein Dualismus[1] auf, der in den nachfolgenden Jahrhunderten der deutschen Geschichte sich verhängnisvoll auswirkte und recht eigentlich die Haltung des Untertanen bestimmte, über dessen Kopf das staatliche so gut wie das bildungsmäßige Leben hinweg ging. Gewiß mag man Luther zubilligen, daß diese Entscheidung nur sein echtes Staatsbewußtsein bezeugt, daß die politische Gesamtsituation Deutschlands kaum eine andere Entscheidung zuließ. [...] Wenn Luther gegen die Bauern sich entscheidet und auch die volksbewußten Nachfolger seiner Lehre als Mord- und Rottengeister brandmarkt, so ist damit das reformatorische Pathos[2] und Ethos[3] allein auf die menschliche Innerlichkeit zurückgewiesen und dem deutschen Leben der nachfolgenden Jahrhunderte auch im geistig-literarischen Bereich Schicksal und Möglichkeit begrenzt. Es ist eine Entscheidung, die dem Reformator eine tragische Größe gibt, die durch keine Schulmeisterei der Nachgeborenen verdunkelt werden sollte, deren verhängnisvolle Wirkung aber doch auch gesehen werden muß.

Denn mit dieser Stellungnahme gegen die Bauern fällt der Würfel über den gemeinen Mann. Fortan ist der Bauer und mit ihm die breite Schicht des deutschen Volkes nicht mehr als verantwortlicher Träger des öffentlichen Lebens zur Gestaltung seines Schicksals aufgerufen; man verzichtet darauf, vom christlichen Glauben aus das himmliche Leben auch politisch-weltlich neu zu durchformen.

[...] Das Leben zerfällt in Welt und Glaube, in Obrigkeit und Kirchengemeinde. Das Christentum wird ganz als Entsagungslehre verstanden und nur noch zu einer Frage des innerlichen Verhaltens. Luther konnte noch mahnend und fordernd auch vor die Fürsten hintreten; aber die öffentliche Meinung seiner Zeit verzichtet nach 1525 doch rasch genug auf jeden kämpferischen Ton und überläßt sich statt dessen einer entsagungsbereiten, weltabgewandten Hiobstimmung[4] und sucht im übrigen ein Ethos der bürgerlichen Rechtschaffenheit zu entwickeln.

Da erscheint noch während der Unruhen eine Flugschrift, die in Luthers Sinn zu Geduld und Gehorsam mahnt und die Bauern auf ein besseres Jenseits vertröstet; die nur im Verzicht alles Heil erblickt. [...] Alle politischen und sozialen Konsequenzen des Schriftprinzips werden außer acht gelassen; es bleibt nur eine entsagungsbereite Innerlichkeit übrig, die schon gefährlich kleinbürgerlich anmutet. Die gedrückte und geplagte Existenz eines abhängigen Menschen flüchtet sich in die Bibellektüre, statt die eigenen Erwartungen dem Leben gegenüber in christlich gemeisterte Formkräfte zu verwandeln. [...] Der christliche Glaube wird als ein schroffer Dualismus gedeutet; Diesseits und Jenseits, Lebenswirklichkeit und Lebenshoffnung klaffen gänzlich auseinander; das Kreuz bezeugt nicht mehr die versöhnende und siegende Kraft des Opfers, sondern nur noch die Unabwendbarkeit des Leidens und Gehorchens: „O lieben brüder, das wort, das man jetzen prediget, das ist das Wort des Creutzs. Darumb muß es in uns wirken Creutz, angst, betrübnus" (Luther).

---

[1] Spannungsverhältnis, Gegensätzlichkeit
[2] leidenschaftlich-bewegte Gemütsäußerung, auch: feierliche Ergriffenheit
[3] moral. Gesamthaltung, sittl. Lebensgrundsätze
[4] nach dem Buch Hiob (Job) des Alten Testaments benannte, zum Leiden und Dulden bereite Grundstimmung des Menschen

---

Wilhelm Abel: Massenarmut und Hungerkrisen im vorindustriellen Deutschland
In seiner Schrift „Der Pauperismus[1] und dessen Bekämpfung" berichtet Bruno Hildebrandt 1844:

4 „Sie (die kurhessische Provinz Oberhessen) besitzt nichts von alledem, was gewöhnlich zu den Ursachen des Pauperismus und des Proletariats gerechnet wird. Sie kennt keine Fabriken und Fabrikarbeiter, keine Spinn-, Dampf- und andere Maschinen, keine Gewerbefreiheit und unbeschränkte Konkurrenz der einzelnen, sondern in alter patriarchalischer[2] Form herrscht hier neben dem Ackerbau noch der alte Handwerksbetrieb, welcher Gesellen und Lehrlinge zu Familienmit-

gliedern der Meister macht. Es herrschen noch Zünfte[3], wenn auch nicht geschlossen, aber doch privilegiert[4] für ihren bestimmten Arbeitszweig. Dabei ist diese Gegend nicht etwa von der Natur vernachlässigt, nicht eingeschlossen durch enge Zollschranken, nicht mit Steuern überlastet, kurz ohne irgendeine besondere Eigenschaft, welche Ursache einer speziellen Verarmung sein könnte."
In dieser Provinz Oberhessen mit Marburg und einigen anderen Städtchen, rund 75 v. H. Landbevölkerung, 25 v. H. Stadtbevölkerung, übertraf nur in vier Gewerben die Zahl der Gesellen die der steuerpflichtigen Meister. In sieben anderen Gewerben kam auf zwei Meister nur je ein Geselle, und im großen Rest herrschte der Alleinmeister vor. Da nun aber − so Hildebrand − ein Meister, der ohne alle Gehilfen arbeitete, eigentlich nur eine besondere Art von Tagelöhner sei, müsse „die bei weitem größere Zahl der Handwerksmeister als Proletarier" angesprochen werden. Das ist ein hartes Wort, aber Hildebrand brachte Belege. Ein Schuhmacher- oder Schneidermeister verdiente um das Jahr 1840 in Oberhessen etwa 100 Reichstaler im Jahr. Davon ging ein rundes Drittel für Wohnung, Holz, Licht, Klei-

dung, Wäsche und einige andere Bedürfnisse ab, so daß für die tägliche Kost der Familie nur 5 1/3 Silbergroschen zurückblieben. Für diese 5 1/3 Silbergroschen konnte man nach den von der Polizei in Hessen festgesetzten Brot- und Fleischtaxen entweder 3,4 kg gewöhnliches Roggenbrot oder 0,8 kg Fleisch (Ochsenfleisch, Schweinefleisch oder Hammelfleisch) kaufen. Davon sollten Mann, Frau und vielleicht noch Kinder leben.
Das glückte selbst in guten Jahren nicht immer. Fiel nun gar eine Teuerung ein, wie im Winter 1846/47, so erreichte „die Not eine Höhe, die in den Schilderungen der irischen Armut Epoche machen würde. In Marburg wurden in diesem Winter zweimal bei 10 Grad Kälte Kinder auf der Straße geboren ... In Schmalkalden, Schlüchtern, Fulda und Hünfeld schlug man die Zahl der völlig Verarmten auf ein Drittel der ganzen Bevölkerung an. In Hünfeld wurden die Armen von den Behörden zu völligen Bettlerzügen organisiert, welche täglich nach einem festgesetzten Turnus[5] durch regelmäßige Umzüge in den einzelnen Stadtteilen und den angrenzenden Dörfern ihre Almosen zusammenbettelten."

---

[1] von lat. pauper ‚arm‘, im 19. Jhdt. gebräuchlich für eine dauernde Massenarmut, bei der große Schichten einer Bevölkerung nur den notdürftigsten Unterhalt erwerben von etwaigen Unterstützungen leben müssen. (Brockhaus-Enzyklopädie, Bd. 14, Wiesbaden [17]1972, S. 318). Dieser sehr knappen Definition steht ein knapp zehnseitiger (!) Artikel im Conversations-Lexikon von Brockhaus aus dem Jahr 1840 gegenüber (Bd. IV, 1, S. 65−74). Vgl. den (leicht gekürzten) Abdruck bei Albert Meier: Georg Büchner „Woyzeck", München: Fink [2]1986, S. 91 ff.
[2] wörtl.: altväterlich, hier i. S. v. „nach altem Rechtsverständnis"
[3] ma. Zusammenschluß von Handwerkern
[4] mit Vorrechten ausgestattet
[5] bestimmte Wiederkehr, Reihenfolge

Otto Corvin: Zwischen Standesehre und „Kommißvermögen": Zur wirtschaftlichen Situation der unteren Offiziersränge *

5 Sehr häufig nennt man den Offiziersstand ein „glänzendes Elend". Ich kann damit nicht einverstanden sein, denn ich finde das Elend ziemlich glanzlos, wenn der erste Jugendschimmer vorüber ist, der ja alles mit Glanz umkleidet. Das Los eines Leutnants ist traurig, wenn er nicht Vermögen hat, und wer dies hat, wird entweder nicht Offizier oder bleibt es wenigstens nicht sehr lange. Andere nicht besser bezahlte Beamte sind bei weitem besser daran. Sie strecken sich nach ihrer Decke und leben, wie es ihre Mittel erlauben. Alles, was man von ihnen verlangt, ist, daß sie ihrem Amte gewissenhaft vorstehen und achtbare Leute sind. Niemand findet es besonders anstößig, wenn die Frau eines solchen untergeordneten Beamten auf ehrliche Weise durch anständige Arbeit etwas zu verdienen sucht. Davon kann bei einem Offizier nicht die Rede sein, denn bei seiner Heirat ist das ganze Korps beteiligt; seine Frau ist eine Offiziersdame, und zwingt sie auch niemand, in Gesellschaften zu erscheinen, so muß sie sich doch den Standesvorurteilen fügen, denen ihr Mann unterworfen ist. Das ist bei dem geringen Gehalt nicht möglich, und so hat sich denn die Regierung das Recht beigelegt, daß der Heirat eines Offiziers der Konsens[1] von ihr eingeholt werden muß; ich glaube, eine Heirat ohne denselben ist gar nicht einmal gültig. Die Erteilung dieses Konsenses hängt von mancherlei Bedingungen ab. Zunächst muß das „Kommißvermögen" da sein, wie es die Offiziere scherzhaft nennen. Das heißt, das heiratslustige Paar muß außer dem Leutnantsgehalt die Zinsen seines Kapitals von 12000 Talern jährlich zu verzehren haben. Es genügt ferner nicht, daß das Mädchen von unbescholtenem Rufe ist; sie darf auch nicht sich durch ehrliche Arbeit erhalten haben oder in irgendwelcher dienenden Stellung gewesen sein, wie zum Beispiel in einem Laden, wenn es nicht vielleicht der elterliche war. Bei Hauptleuten ist der Nachweis eines Vermögens nicht nötig. Will ein Leutnant ohne Vermögen heiraten, so muß er warten, bis er Hauptmann wird. In Friedenszeiten ging es aber damals mit dem Avancement[2] der Offiziere entsetzlich langsam; Leutnants mit grauem Haar waren keineswegs eine Seltenheit, und mancher trug auf der Brust das goldene Dienstkreuz.

Kamen sie dann endlich so weit, eine Frau notdürftig ernähren zu können, dann war ihr Körper durch Strapazen ruiniert, die oft im Frieden härter sind als im Krieg, und sie brauchten mehr eine Krankenpflegerin als eine Gattin. Die schönsten Jahre der Manneskraft waren in Einsamkeit hingegangen, und die meisten Offiziere mußten auf das Glück im Kreise einer Familie verzichten.

Reiche Mädchen scheint es, werden immer seltener, und diejenigen, die es noch gibt, machen gewöhnlich höhere Ansprüche, als sie ihnen ein Leutnant gewähren kann. Ausnahmen gibt es allerdings, allein die Fälle, in welchen liebenswürdige Leutnants reiche Mädchen heiraten, sind doch ziemlich selten, obwohl hin und wieder ein reiches Bürgermädchen nach dem Titel „gnädige Frau" schmachtet und die Eltern närrisch genug sind, solcher Schwachheit nachzugeben. Weise Mütter ziehen einen Wall um ihre Töchter. Das verhältnismäßig müßige Leben macht aber die Offiziere ganz besonders begierig nach weiblichen Bekanntschaften. Mittlere Bürger, wie kleine Kaufleute und wohlhabende Handwerker, wissen sehr wohl, daß ihre Töchter den Herren Offizieren zu Gattinnen nicht gut genug sind, und da sie dieselben natürlich zu Offiziersgeliebten zu gut halten, so müssen die Herren mit ihren zärtlichen Herzen eine gesellschaftliche Stufe tiefer steigen. Das Herz befindet sich dabei keineswegs schlechter, denn unter der Klasse der geringeren Bürgermädchen, welche sich durch Arbeit ihren Lebensunterhalt erwerben, gibt es wie bekannt die großherzigsten, aufopferndsten, liebendsten Geschöpfe. Knüpft nun ein Offizier von sonst rechtlichem Charakter eine Liebschaft mit einem solchen Mädchen an, wozu ihn vielleicht nur ein hübsches Gesicht oder flüchtiges Gelüst veranlaßte, so findet er oft mehr, als er erwartete, und aus der Liebelei wird eine ernste, dauernde Liebe. Dergleichen Fälle kamen unter den Offizieren in Mainz mehrfach vor. Ich kannte mehrere, welche Mädchen dieser Art liebten, sie von Jahr zu Jahr mehr achten lernten und ihnen für das Leben treu blieben. Ich kenne mehrere Beispiele, daß Offiziere alles mögliche taten, die Mütter ihrer Kinder zu ihren rechtmäßigen Frauen zu machen; allein sie erreichten es nur in seltenen Fällen, denn jahrelange Treue und Aufopferung, unbescholtenes Leben, alles das reichte nicht hin, sie in den Augen der andren Offiziere zu der Stellung zu erheben, welche der Offiziersstand in Bezug auf andere Gesellschaftsklassen einzunehmen glaubte. Erreichte aber ein solcher Offizier seinen Zweck, und wäre es erst als Hauptmann, so ward ihm seine Verbindung doch stets als ein Vorwurf angerechnet, und man suchte ihn vom Regiment loszuwerden.

[1] Zustimmung, Einwilligung
[2] Beförderung

Soldatenanwerbung[1] — ein zweifelhaftes Geschäft*

6 [...] Ich: Gut; aber mir thut der Kopf weh, und Durst hab ich wie'n Pferd.
Er: Glaub's halter* gern: trink du nur Koffe[2]: es wird schon vergehen.
Ich: Ja, ja. Was kostet der Koffe? will gleich bezahlen, auch das Logis.[3]
Er: Ist halter alles bezahlt, Herr Bruder! trink du nur.
Das Mädchen: Je nun mein Herzchen, du warst gestern Abend recht selig. Schäm dich, du hast bei mir schlafen sollen; aber da warst du besoffen wie ein Kater.
Der Unterof.: Kann ja noch geschehen: will hinunter gehn!
Ich: Bleiben Sie nur, und sagen mir, wo ich bin.
Der Unterof.: Im rothen Ochsen, Herr Bruder.
Ich: Gut! wie viel Uhr ists?
Der Unterof.: Halb elf.
Ich: Potz tausend, dann muß ich fort.
Der Unterof.: Ha, ha, daraus wird halter nichts: du bist ja Soldat, dienst dem Kaiser!
Ich: Was, Soldat?
Der Unterof.: Ja, komm nur mit hinunter.
Ich mußte mit ihm hinabgehen. In der großen Stube fanden wir eine Menge Leute; aber mein sauberer Begleiter war nicht darunter. Hören Sie, meine Herren, fing mein Unterofficier an, ist der Herr da halter nicht Soldat? — Alle bejahten dies. Hat er halter nicht Handgeld genommen? — Auch diese Frage wurde bejahet. Ich läugnete das alles, aber man befahl mir, meine Börse zu untersuchen. Ich that es und fand, außer meinem Gelde, noch vier Kremnitzer Dukaten.[4] Ich erschrack zu Tode, da ich den Beweis sahe, von dem, was der Unterofficier mir gesagt hatte. Doch faßte ich mich, und fragte, ob kein Officier da wäre: ich müßte mit ihm sprechen. Das soll schon halter geschehen, war die Antwort: er wird bald kommen.
Ich setzte mich in eine Ecke des Zimmers, stieß jeden, der mit mir reden wollte, von mir, forderte ein Glas Brandtewein, und las vor lauter Aerger in meinem Siegwart.[5] So leerte ich zwei oder drei Gläser, und da der Spiritus[6] vom vorigen Tage noch nicht ganz verraucht war; so wurde mein Kopf wieder verwirrt.
Es schlug zwölf, und noch kam kein Officier. Ich ließ mir etwas zu essen geben, und mußte vieles von den Herrlichkeiten anhören, welche bei der Armee auf mich warten sollten. Endlich riß mir die Geduld: ich forderte, daß man einen Officier holen sollte. Man lachte. Ich wollte mit Gewalt zur Thür hinaus, aber man hielt mich auch mit Gewalt zurück: und indem wir uns so balgten, trat ein Officier in die Stube, der,

wie ich hernach erfuhr, Major war.

Major: Was giebts denn da? rief der ansehnliche Mann, ich glaubt ihr habt Händel?

Ein Unterof.: Verzeihens halter, Ihr Gnaden, da ist ein Rekrute, der will ausreißen.

Major: (zu mir) Haben Sie Sich anwerben lassen?

Ich: Nein, mein Herr!

Major: Aber die Leute da, die Unterofficiere sagens doch?

Ich: Mein Herr, ich kam gestern Abend hier her und —

Major: (einfallend) und soffen sich so voll, daß Sie noch nicht nüchtern sind. Hab' davon hören müssen! Wer sind Sie?

Ich: Ein Student von Gießen.

Major: Wie lange studiren sie schon?

Ich: Seit drei Jahren.

Major: So, so! — Aber was nehmen Sie denn Handgeld? — Haben wahrscheinlich nichts gelernt? Nicht wahr?

Ich: Sie beleidigen mich —

(Der Major stellt einige „Prüfungsfragen" und setzt seine Rede dann fort:) [...]ich will sehen, was sich thun läßt. Ich möcht Ihnen gern helfen. Haben Sie Bekannte hier?

Ich: Ja, den Herrn Bucher, Stadtchirurgus, den Gastwirth Tennemann und —

Major: Schon gut: wollen sehen, was zu thun ist. Ich komme hernach wieder. Unterdessen halten Sie sich ruhig: aber sauffen müssen Sie nicht mehr, hören Sie? —

Der rechtschaffene Mann ging fort, und die Unterofficiere waren gleich weit höflicher gegen mich, als zuvor: keiner sagte mehr Du zu mir. „Den kriegen wir halter nicht!" sagten sie unter einander.

Nach ohngefähr drei Stunden kam der Major zurück mit noch zwei jungen Officieren. Der eine war der Sohn eines lutherischen Predigers aus Schwaben, und hieß Funk. Der Major trat ganz höflich zu mir „Mein Freund, sagte er, Sie geben die vier Dukaten heraus!" — Ich that dieses mit Freuden — „der Spektakel hier, fuhr er fort, „hat ohngefähr zwölf Reichsthaler Unkosten gemacht: aber da Sie wahrscheinlich nicht so viel bei sich haben; so habe ich mit Herrn Bucher gesprochen, und der haftet dafür. Sie schicken aber innerhalb sechs Wochen zwölf Thaler an den ehrlichen Mann, damit er sie sonst nicht aus seinem Beutel bezahlen müsse. Uebrigens sind Sie frei: denn unser Kaiser will nicht, daß man besoffene Leute anwirbt: ja, wenn Sie auch jetzt Dienste nehmen wollten; so müßten Sie erst Ihren Rausch ausschlafen."

Ich: Herr Major, wie soll ich Ihnen meinen Dank —

Major: Stille, mein Freund: ich thue, was Menschenliebe erfordert, und vollbringe den Willen meines Herrn, der edel denkt. Danken Sie Gott, daß der Emissär[7] Sie nicht in ein Paar andere der hiesigen Werbhäuser geführt hat. Da wären Sie, so wahr ich lebe, nicht wieder weggekommen. Diese Herren scheeren sich den Henker um Menschenliebe und Menschenrechte, wenn sie nur Leute kriegen: obs ehrlich oder unehrlich dabei zugehe, darum bekümmern sie sich nicht. Aber hüten Sie sich vor ähnlichen Händeln: Sie möchten sonst nicht so glücklich wieder heraus kommen.

Mit diesen Worten verließ mich der edle Major, ohne meine Danksagung abzuwarten.

---

* Ein österreichisches Provinzialwort, welche die österreichischen Herren Werber jeden Augenblick anbringen, und daher im Reiche vom Pöbel auch nur schlechthin die Halters genannt werden.

---

1 Der Text stammt von dem pfälz. Schriftsteller Friedrich Christian Laukhard (1758–1822), der ursprünglich ev. Theologe, dann Soldat, schließlich Privatlehrer war. Vgl. auch Johann Gottfried Seumes (1763–1810) Schilderung des Soldatenhandels, in: Peter Glotz und Wolfgang Langenbu-

cher (Hrsg.): Versäumte Lektionen. Entwurf eines Lesebuchs. Bearb. Ausg., Frankfurt/M.: Fischer-Taschenbuch 1971, S. 81 ff. oder ergänzend Bräker (hrsg. v. H. J. Helmich), a.a.O., S. 70 ff.

[2] Kaffee; Lautstand und Orthographie des Originals sind beibehalten.

[3] Unterkunft.

[4] Dukaten waren von 1559–1871 dt. Reichsmünzen; die mittelslowakische Stadt Kremnitz galt als einer der reichsten Gold- und Silberbergbauorte Europas. Die freie Stadt besaß seit dem Spätmittelalter das Münzprägerecht.

[5] Anspielung auf: Johann Martin Miller (1750–1814): Siegwart – eine Klostergeschichte. Leipzig 1776

[6] hier: i. S. von billigem Schnaps

[7] Abgesandter mit bestimmtem Auftrag (hier: Werber)

Karl Beck[1]: Trommellied (aus den „Liedern vom armen Mann")

7
1.
Es ziehn die Soldaten von Ferne her,
Es flattern die Fahnen, es blinkt das Gewehr.
Es rasseln die Karren mit plumpen Geschützen,
Mit grünenden Reisern prangen die Mützen.
Es zügelt der Reiter das bäumende Thier,
Nach dem Takte steigt der Grenadier:[2]
Trarum, Trarum, Trarum.

2.
Die Fenster öffnen sich allesammt,
Der Bettler vergißt sein trauriges Amt;
Da feiert die Axt, da stürzt aus der Bude
Die Feder hinter dem Ohre der Jude;
Hochbusige Amme und drängst du dich vor,
Zu grüßen den liebsten Tambourmajor?
Trarum, Trarum, Trarum.

3.
Das Herz des Knaben wird weit und warm,
Er rücket die Mütze, er reckt den Arm;
Aufrauschen vor ihm mit unsterblichen Adern
Die Helden Homers[3] mit stolzen Geschwadern.
Ha schmettre, Trompete, ha wirble fort,
Tambour, bis dir die Hand verdorrt:
Trarum, Trarum, Trarum.

Unfer Karl.

„Un Pauvre homme nommé Karll" –
Büchners Vorbild für „Narr Karl" – oder mehr?

Mit freundlicher Genehmigung von Herrn Heinz Fischer, Possenhofen. Nachdruck nicht gestattet.

4.

Verwünschend das morsche Schilderhaus
Ruft die Wacht ihr donnernd: Gewehr heraus!
Muß stille stehn, muß präsentiren,
Indeß die Gefährten ins Lager marschiren.
Und willenlos nach dem Takte wallt,
Durch Gassen und Straßen Jung und Alt,
Trarum, Trarum, Trarum.

5.

Ihr tapfern Soldaten, was bringt ihr herbei?
O brächtet ihr Brot statt Pulver und Blei!
Es wandeln die Reichen in Sammt und Seide,
Uns mangelt ein Hemd, das die Blößen bekleide!
Du Schütze, du spannst ja nicht den Hahn?
Du wirbelst ja leiser, mein Rataplan[4]
Trarum, Trarum, Trarum.

6.

Nicht wahr, ihr erkanntet den Jammer sogleich
Auf unsern Gesichtern morsch und bleich?
Ihr füllt nicht die Büchsen; ihr füllet die Herzen
Mit unsern himmelschreienden Schmerzen;
Ihr rücket mit uns in Reih und Glied
Vor die trächtigen Speicher, da donnert das Lied:
Trarum, Trarum, Trarum.

7.

Uns trug ja einer Heimath Schooß,
Euch zog ja wie uns das Elend groß.
Den Mächtigen hinter den trotzigen Mauern
Seid ihr nur Kinder von Bürgern und Bauern; –
Sie spotten des Knechts, der darbt und friert,
Den des Kalbes fühllos Fell regiert:
Trarum, Trarum, Trarum.

8.

O, laßt nicht kommen den blutigen Tag,
Da euch das Volk bekriegen mag;
Da funkelnden Blicks der verzweifelnde Haufen
Im Sturm euch kommt entgegengelaufen;
Wenn er selber den blitzenden Säbel führt,
Wenn er selber die grollende Trommel rührt;
Trarum, Trarum, Trarum.

9.

So träumt ein Jüngling, dems Herze brennt,
Schaut sinnend das stolze Regiment.
Geduld! Noch folgt die gaffende Menge
Gedankenlos dem Waffengepränge,
Und dröhnend predigt der Trommelschlag:
Es ist des Kaisers Namenstag!
Trarum, Trarum, Trarum.

---

[1] Karl Isidor Beck (* 1. 5. 1817 in Baja/Ungarn, † 10. 4. 1879 in Währing bei Wien) polit. Liederdichter in der Donaumonarchie mit engen Kontakten zu Vertretern des „Jungen Deutschland". Der Textabdruck erfolgt in der Orthographie des Originals.

[2] Infanterist (eigtl. „Handgranatenwerfer")

[3] bildungsbürgerliche Erinnerung an die Schulzeit: Die griech. Sagen waren beliebter Unterrichtsstoff; ihre Helden sollten als vorbildlich dargestellt werden.

[4] tonnachahmende Bezeichnung des rasselnden Trommelwirbels (ursprüngl. frz., auch in dt. Aussprache)

2.3 Exempel Woyzeck — Zum Menschenversuch in Geschichte und Gegenwart

Die grauenhaften Verbrechen, die auf Befehl der Nationalsozialisten in Konzentrationslagern verübt wurden, sind bis heute nicht lückenlos aufgedeckt und dokumentiert. Es zeichnet sich jedoch ab, daß neben die Vernichtung von Millionen Juden, Sinti, Roma, Homosexuellen sowie psychisch Kranken und Körperbehinderten weitere verbrecherische Maßnahmen von bisher erst ansatzweise ausgelotetem Ausmaß zu setzen sind: die Humanexperimente, oft mit tödlichem Ausgang. Durchgeführt wurden sie von Ärzten, die keineswegs von vornherein dämonische Gestalten, sondern „normale" Mediziner waren, besessen vom Forscherehrgeiz einer sich naturwissenschaftlich verstehenden Medizin, häufig auch Karrieristen, deren Streben nach Ruhm alle inneren Vorbehalte überwand. Es ist dabei unerheblich, ob es sich um Menschenversuche handelte, in denen neue Arzneimittel erprobt wurden, um Menschenversuche im Dienst einer rein wehrmedizinischen Zweckforschung oder um solche, die nur dazu dienten, das für die nationalsozialistische Ideologie entscheidende genetisch-eugenisch-rassenhygienische Grundkonzept weiter zu erforschen[1].

Neben diesen Menschenversuchen der jüngsten Vergangenheit scheint der „Fall Woyzeck" zu verblassen. Das Konzentrationslager kennt keine Freiheit des Probanden, sich für oder gegen die Teilnahme an den Versuchen zu entscheiden. Büchner stellt mit Woyzeck jedoch ebenfalls ein Objekt auf die Bühne, das persönlicher Freiheit entbehrt. Die Entscheidung des Opfers ist von „Zulag" bestimmt, bescheidenen finanziellen Zuwendungen, die die Armut des „Paupers" kaum verringern, seine soziale Abhängigkeit aber verdeutlichen. Georg Büchner, selbst promovierter Mediziner, väterlicherseits aus einer Familie von Badern, Chirurgen und Ärzten stammend, hatte während seines Studiums in Gießen mehrfach Gelegenheit, von Menschenversuchen seiner akademischen Lehrer zu hören. Sein Lehrer Johann Bernhard Wilbrand (1779—1846), noch als Leibeigener geboren, aber sehr rasch aufgestiegen, war wohl Vorbild für einige Charakterzüge des Doktors im „Woyzeck". Büchner stand sowohl Wilbrand als Vertreter der spekulativen Naturphilosophie wie dem mit Erbsen experimentierenden Naturwissenschaftler Justus von Liebig (1803—1873) eher skeptisch gegenüber. Zwei neuere medizinische Dissertationen[2] machen zwar deutlich, daß — von Vorläufern und einigen Ausnahmen abgesehen — alle Vertreter des Humanexperiments zunächst Regeln aufstellten, die bei der Durchführung der Versuche richtungweisend für das gesamte 19. Jahrhundert waren. Erst danach seien in der ersten Hälfte des 19. Jahrhunderts in verstärktem Maße exakte Arzneimittelversuche[3], zunehmend auch an

Gesunden, unternommen worden. Dennoch wird man Albert Molls schon 1902 geäußertes Erstaunen über die Forschungsmanie der Mediziner teilen können, die sich „über die Gebiete des Rechts und der Sittlichkeit in bedenklichster Weise hinwegsetzen. Für sie geht die Freiheit der Forschung so weit, daß sie jede Rücksicht auf andere durchbricht. Die Grenze zwischen Mensch und Tier ist für sie verwischt. Der unglückliche Kranke, der sich ihnen zur Behandlung anvertraut hat, wird von ihnen schmählich betrogen, das Vertrauen getäuscht, und der Mensch wird zum Versuchskaninchen degradiert"[4].

Einige Szenen des „Woyzeck" spielen mit der Möglichkeit einer geistigen Verwirrung des Protagonisten. Sie machen aufmerksam auf die Lage der „Gemüths- und Geisteskranken", deren „Behandlung" zu jener Zeit oft in Folterung bestand[5]. In den Materialien dieses Kapitels werden Beiträge zum Menschenversuch und zu den Perspektiven der vielen „Woyzecks", die das beginnende 19. Jahrhundert kennt, vorgestellt.

---

[1] Vgl. Rainer Osnowski (Hrsg.): Menschenversuche — Wahnsinn und Wirklichkeit. Köln: Volksblatt 1988, S. 53.
[2] Guido Gerken: Zur Entwicklung des klinischen Arzneimittelversuchs am Menschen. Med. Diss. Mainz 1977 und Christoph Fischer: Zur Theorie des Arzneimittelversuchs am Menschen in der ersten Hälfte des 19. Jahrhunderts. Med. Diss. Mainz 1977.
[3] Büchners jüngerer Bruder Ludwig setzte sich kritisch mit der Methodik des klinischen Versuchs auseinander. In seinem Buch „Das therapeutische Experiment" (1853) zeigte er deutlich den Unterschied zwischen der Interpretation des Versuchs an kranken und an gesunden Menschen. Friedrich Karl Christian Ludwig (Louis) Büchner (29.3.1824—30.4.1899) lebte als Arzt und Schriftsteller in Darmstadt.
[4] Albert Moll: Ärztliche Ethik. Die Pflichten des Arztes in allen Beziehungen seiner Thätigkeit. Stuttgart 1902. Vgl. auch: Ulrich Brand: Ärztliche Ethik im 19. Jahrhundert. Freiburg: H. F. Schulz 1977 (= Freiburger Forschungen zur Medizingeschichte NF Bd. 5), S. 135.
[5] Vgl. K. Dörner: Bürger und Irre. Frankfurt/M. 1969, S. 293 ff.

---

8 Ein armer Soldat als Versuchsobjekt (Szene 6 der 2. Entwurfsstufe des „Woyzeck")

(6) WOYZECK. DOKTOR

Doktor. Was erleb' ich. Woyzeck? Ein Mann von Wort? Er! er! er?
Woyzeck. Was denn Herr Doktor.
Doktor. Ich es gesehn hab', er auf die Straß gepißt hat, wie ein Hund. Geb' ich ihm dafür alle Tag 3 Grosche und Kost? Die Welt wird schlecht sehr schlecht, schlecht, sag' ich. O! Woyzeck das ist schlecht.

Woyzeck. Aber Herr Doktor wenn man nit anders kann?
Doktor. Nit anders kann, nit anders kann. Aberglaube, abscheulicher Aberglaube, hab ich nit nachgewiesen, daß der musculus constrictor vesicae[1] dem Willen unterworfen ist, Woyzeck der Mensch ist frei, im Menschen verklärt sich die Individualität zur Freiheit — seinen Harn nicht halten können! Es ist Betrug Woyzeck. Hat er schon sei Erbsen gegessen, nichts als Erbsen, nichts als Hülsenfrüchte, cruciferae[2], merk' er sich's. Die nächste Woche fangen wir dann mit Hammelfleisch an. Muß er

nicht aufs secret?[3] Mach er. Ich sag's ihm. Es gibt eine Revolution in der Wissenschaft. Eine Revolution! Nach gestrigem Buche, 0,10 Harnstoff, (unlesbar) salzsaures Ammonium, (unlesbar). Aber ich hab's gesehen, daß er an die Wand pißte, ich steckt grad mein Kopf hinaus, zwischen meiner Valnessia[4] u. (unlesbar). Hat er mir Frösch gefange? Hat er Laich? Kein Süßwasserpolypen, keine Hydra, Vestillen Cristatellen.[5] Stoß er mir nicht an's Mikroskop, ich hab eben den linken Backzahn von einem Infusionstier[6] darunter. Ich sprenge sie in die Luft, alle mitnander. Woyzeck, kei Spinneneier, kei Kröte? Aber an die Wand gepißt! Ich hab's gesehen *(tritt auf ihn los)*. Nein Woyzeck, ich ärger mich nicht, ärgern ist ungesund, ist unwissenschaftlich. Ich bin ruhig, ganz ruhig und ich sag's ihm mit der größten Kaltblütigkeit. Behüte wer wird sich über einen Menschen ärgern! einen Menschen. Wenn es noch ein Proteus[7] wäre, der einem krepiert! Aber er hätte doch nicht an die Wand pissen sollen. *Woyzeck.* Ja, die Natur, Herr Doktor wenn die Natur aus ist. *Doktor.* Was ist das wenn die Natur (aus) ist? *Woyzeck.* Wenn die Natur aus ist, das ist, wenn die Natur (aus) ist? Wenn die Welt so finster wird, daß man mit den Hände an ihr herumtappe muß, daß man meint sie verrinnt wie Spinnweb! Das ist, so wenn etwas ist und doch nicht ist. Wenn alles dunkl ist, und nur noch ein rote Schein im Westen, wie von eine Esse.[8] Wenn *(schreitet im Zimmer auf und ab)* *Doktor.* Kerl er tastet mit sei Füßen herum, wie mit Spinnfüßen.

Woyzeck (steht ganz grade). Habe Sie schon die Ringe von den Schwämm auf dem Bode gesehe, lange Linien, krumme Kreise, Figurn, da steckt's! da! Wer das lesen könnte. Wenn die Sonn im hellen Mittage steht und es ist als müßte die Welt auflodern. Höre sie nichts? (unlesbar) als die Welt spricht, sehen sie die lange Linien, u. das ist als ob es einem mit fürchterlicher Stimme anredete. *Doktor.* Woyzeck! er kommt ins Narrnhaus, er hat eine schöne fixe Idee, eine köstliche alienatio mentis[9], seh' er mich an, was soll er tun. Erbsen essen, dann Hammelfleisch essen, sei Gewehr putzen, das weiß er Alles u. da zwischen die fixen Ideen, die (unlesbar), das ist brav Woyzeck, er bekommt ein Groschen Zulage die Woche, meine Theorie, meine neue Theorie, kühn, ewig jugendlich. Woyzeck, ich werde unsterblich. Zeig' er sein Puls, ich muß Ihm morgens u. Abends den Puls fühlen.

---

[1] vgl. Anm. 38, S. 18
[2] Kruziferen, Kreuzblütler; hierzu gehört allerdings die Speise- oder Gartenerbse (pisum sativum) gerade nicht; sie zählt zur Familie der Schmetterlingsblütler (Papilionaceae) innerhalb der Hülsenfrüchte (Leguminosen).
[3] „stiller Ort", Toilette
[4] Einige Textkommentatoren lesen „Vanessa" (wiss. Gattungsname von Schmetterlingsarten).
[5] Hydra: Gattung der Süßwasserpolypen; Vestillen könnten als „Vixillen" zu lesen sein: Schneckenart; Cristatellen gehören zu den Weichtieren.
[6] mikroskopisch kleine Tierchen (z. B. Geißel- oder Wimperntierchen), die bei einem Aufguß (Infusion) von Wasser auf organische Stoffe aus ihren Keimen hervorgehen.
[7] vgl. Anm. 42, S. 19
[8] offene Feuerstelle mit Rauchabzug
[9] Geisteskrankheit (wörtl. Entfremdung des Geistes)

Eckhart Buddecke[1]: Hyperoxydul oder Hippuroxydul?

— Zu den ernährungsphysiologischen Experimenten des Doktors —

9 [...] Eine ganz andere, die Sinngebung und Interpretation[2] dieser Szene vollständig verändernde Lesart, nämlich statt ‚Hyperoxydul' ‚Hippuroxydul', bietet sich an, wenn man die Tatsache berücksichtigt, daß in die Epoche der Entstehungsgeschichte des „Woyzeck" die grundlegenden Untersuchungen Justus von Liebigs[3] über die Ernährungsphysiologie[4] einschließlich der quantitativen Harnanalyse fallen. Die Hippursäure war zu Büchners Zeiten bereits als Bestandteil des Harns von Pflanzenfressern bekannt, in kristalliner Form dargestellt und auf ihre chemische Zusammensetzung hin analysiert. Auch die Unterschiede der chemischen Zusammensetzung des Harns von Fleischfressern (vgl. S. 67: *die nächste Woche fangen wir dann mit Hammelfleisch an.*) und Pflanzenfressern waren Liebig bekannt und Gegenstand zahlreicher vergleichender Analysen. Dabei heißt es: „der Harn der grasfressenden Tiere enthält keine Harnsäure, wohl aber Ammoniak, Harnstoff und Hippursäure" (J. v. Liebig, „Die organische Chemie in ihrer Anwendung auf Physiologie und Pathologie", Braunschweig 1842, S. 142). Die Analogie zu der Aussage des Doktors *Harnstoff, 0,10, salzsaures Ammonium, Hyperoxydul* ist auffallend.

Die Hippursäure wurde als Oxydationsprodukt des Stoffwechsels angesehen, das aus Pflanzeneiweiß unter Hinzutritt von Sauerstoff und den Elementen des Wassers beim Pflanzenfresser, nicht jedoch beim Fleischfresser entstehen sollte. Die Entdeckung eines sauerstoffärmeren Derivates[5] der Hippursäure — eines ‚Hippuroxyduls' — wäre aus der Sicht der damaligen Kenntnisse vom Stoffwechsel des menschlichen Organismus in der Tat ‚revolutionierend' für die Wissenschaft gewesen (vgl. den Kontext unserer Textstelle).

Bei den ernährungsphysiologischen Experimenten des Doktors handelt es sich demnach offensichtlich um einen Stoffwechselversuch, dessen Grundlage eine exakte Bilanz der chemischen Zusammensetzung der aufgenommenen Nahrungsmittel und der ausgeschiedenen Stoffwechselprodukte darstellt. Dies erfordert die quantitative Analyse des Harns und seiner chemischen Inhaltsbestandteile. Nur so kann die Angabe *Harnstoff, 0,10,* die als analytischer Wert aus dem Laborbuch (vgl. S. 68: *nach gestrigem Buche*) zitiert wird, verstanden werden. Ebenso erklärt sich damit der Unmut des Doktors darüber, daß ein (unbekannter) Teil des Analysenmaterials verlorengegangen ist (vgl. S. 68: *Aber Er hätte doch nicht an die Wand pissen sollen —*), denn der Erfolg des Experiments hängt von der verlustlosen Gewinnung des Harns während des Versuchszeitraums ab.[...]

Die Vermutung, es handele sich in der Szene 8 mehr um eine „derb-komische Gestaltung" (Krause[6] S. 225) der Theorie des Doktors, daß der Blasenschließmuskel auch unter experimentellen Bedingungen dem Willen unterworfen sei, hat wenig Wahrscheinlichkeit für sich. Eine solche Feststellung wäre für die medizinische Wissenschaft zu Büchners Zeit trivial gewesen. Näher liegt die Annahme, daß Georg Büchner während seines Studiums in Gießen 1833 bis 1935 durch Liebigs Vorlesungen entscheidende Anregungen für die Figur des Doktors erhalten hat. Dafür spricht vor allem die Tatsache, daß Liebig gerade zu jener Zeit in Gießen die gleichen ernährungsphysiologischen Experimente an Soldaten der Großherzoglichen Leibkompagnie durchgeführt hat, wobei Erbsen ausdrücklich als Verpflegungsbestandteil genannt werden und ihr durchschnittlicher täglicher Verbrauch genau angegeben wird. Auch die chemische Zusammensetzung der Erbsen und zahlreiche Analysen des Harns von Fleisch- und Pflanzenfressern wurden von Liebig veröffentlicht („Die organische Chemie …", S. 290 ff.).

Unter diesem Aspekt erscheint der Doktor nicht als der wissenschaftliche Scharlatan, sondern als ehrgeiziger und erfolgbesessener Experimentalphysiologe[7], für den der Mensch nicht mehr als ein manipulierbares und manipuliertes Versuchsobjekt ist, durch dessen Einsatz ernährungsphysiologische Theorien zu beweisen sind. Die Auffassung, daß der Doktor wie auch der Hauptmann und der Tambourmajor mit ihrer dünkelhaft-bürgerlichen Einstellung personifizierte Antithesen des Menschlichen darstellen, findet in dieser Interpretation eine Stütze.

[1] Prof. Dr. Eckhart Buddecke schrieb das Gutachten, dem der nachfolgende Auszug entstammt, als Direktor des Physiologisch-Chemischen Instituts der Universität Münster im Jahr 1976.

[2] Der Zustand der Handschriftenfassungen (vgl. S. 49) und die damit verbundenen Schwierigkeiten der Büchner-Philologie, sich auf bestimmte Lesarten festzulegen, führen sehr oft zu unterschiedlichen Interpretationen. So ist in der Doktorszene 8 des „Woyzeck" (vgl. Text, S. 18 und die oben abgedruckte zweite Entwurfsstufe) wiederholt die Karikierung eines unwissenschaftlichen Dilettanten in der Figur des Doktors durch Verballhornen chemischer Nomenklatur gesehen worden. Diese Deutung wird dadurch gestützt, daß Büchner gelegentlich nicht sehr genau mit der medizinischen Terminologie umgeht. Überdies wirken die jovial-ironisierenden Äußerungen des Doktors als Beleg. Es ist jedoch zu bedenken, daß der Begriff „Hyperoxydul" (Text, S. 19) zumindest für den mit der chemischen Nomenklatur kaum vertrauten Leser nicht als Verballhornung erkennbar ist…

[3] Zu Justus von Liebig vgl. zunächst die Einleitung zu diesem Kapitel. Er war seit 1824 [!] Prof. der Chemie an der Universität Gießen, seit 1852 in München. Vielfältige Forschungsgebiete; u. a. Befürworter der Mineraldüngung und Anreger der Herstellung von Fleischextrakt. Entdecker des Chloroforms und des Chlorals.

[4] Vgl. Anm. 1, S. 77

[5] chem.: Abkömmling; Verbindung, die sich von einem Grundstoff durch Substitution herstellen läßt

[6] Egon Krause (Hrsg.): Georg Büchner, Woyzeck. Krit. Ausgabe. Frankfurt/M. 1969

[7] Vgl. auch die neuere These Glücks, daß Zweck dieser Versuche sei gewesen, „das Fleisch, den kostenintensiven Bestandteil der Armeeverpflegung, durch das billige Surrogat Hülsenfrüchte zu ersetzen". (Alfons Glück: Der Woyzeck. Tragödie eines Paupers. In: Katalog 1987, a. a. O., S. 325–332, hier: S. 328)

Ein Erbsenversuch[1] Justus v. Liebigs

10 Werden aufgequollene und feingeriebene Erbsen, die man mit ammoniakhaltigem Wasser zu einem dünnen Brei angerührt hat, auf ein Filter gebracht und die ablaufende Flüssigkeit mit Essigsäure gefällt, der erhaltene Niederschlag in Kalilauge gelöst und damit gekocht, so erhält man alsdann beim Uebersättigen mit einer Säure eine reichliche Entwickelung von Schwefelwasserstoff und Bleisalze bedingen in dieser alkalischen Auflösung eine Fällung von Schwefelblei.

Der stickstoffhaltige Bestandtheil der Erbsen, den ich mit Pflanzencaseïn bezeichnete, ist demnach nicht, wie *Mulder*[2] behauptet, schwefelfrei. Daß er in seiner Zusammensetzung nicht abweicht von den andern stickstoff- und schwefelhaltigen Pflanzenstoffen, geht schon daraus hervor, daß die Erbsen alles enthalten, um die Blutbildung und damit das Leben der Thiere zu unterhalten. Wäre der stickstoffhaltige Bestandtheil derselben schwefelfrei, so könnte sich aus ihm kein schwefelhaltiges Blutfibrin und Albumin bilden.

Ich halte überhaupt dafür, daß die Bildungsweise des Proteïns einer neuen und gründlicheren Untersuchung bedarf, bis jetzt ist mir die Darstellung einer schwefelfreien Substanz von der Zusammensetzung und den Eigenschaften des sogenannten Proteïns nach den Angaben von *Mulder* nicht gelungen.

[1] Die Orthographie des Originaldrucks wurde beibehalten.
[2] Gerardus Johannes Mulder (1802−1880), Prof. der Chemie an der Universität Utrecht, Lehrbuchautor

Hansjürgen Gerth: Zeichnungen zu „Woyzeck", Szenen 8 u. 9

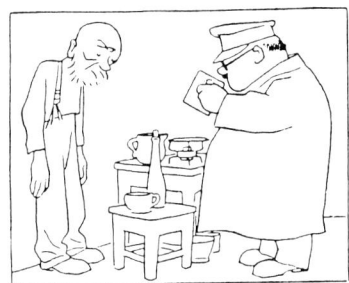

Hat Er sei Erbse gesse, Woyzeck?

Er sieht immer so verhetzt aus, Woyzeck!

Muß Er nicht wieder pissen, Woyzeck?

Wenn Sie Spaß machen, Herr Hauptmann...

Aus: Marie, Woyzeck. Szenen von G. Büchner.
Fassung M. Langhoff. Sammelmappe mit Gedichten und Zeichnungen v. K. Arnold zur
Bochumer Inszenierung (15.11.1980), o. O., o. J.

Johann Christian Reil[1]:
„Psychische Curmethode" für Geisteszerrüttungen

11 [...] So gängeln wir den Kranken, von der untersten Stufe der Sinnlosigkeit, durch eine Kette von Seelenreizen, aufwärts zum vollen Vernunftgebrauch. Durch die ersten, rohen und körperlichen Eindrücke aufs Gemeingefühl wecken wir ihn aus seinem Taumel und nöthigen ihn zum Gehorsam. Die mechanischen, mit Bewegung verbundenen Beschäfftigungen erhalten ihn gesund, bey Laune, gewöhnen ihn zur Ordnung und zerstreuen ihn durch ein leichtes Spiel der Seelenkräfte. In der Folge wird sein Geist vorzüglich in Anspruch genommen. Seinen Sinnen und der Phantasie werden Anschauungen aufgedrungen, die er als passiver Zuschauer beachten muss. Dann nötigt man ihn zur eignen Thätigkeit und übt endlich diejenigen Seelenvermögen besonders, die es am meisten bedürfen. Diese nach bestimmten Zwecken erregte Thätigkeit in den verschiednen Getrieben des Seelenorgans assimilirt sich allmälig die Kräfte, die ursprünglich gleichsam mit Gewalt durch die Stärke der Reize geweckt wurden und stellt das Verhältniss in der Dynamik der Seele wieder her, von welchem der gesunde Menschenverstand abhängig ist[2]. [...]

---

[1] Die Orthographie des Originaldrucks wurde beibehalten.
[2] Johann Christian Reil (1759−1813), Arzt, dann Prof. für Medizin in Halle/S., später in Berlin; an der Naturphilosophie Schellings orientiert, immer mehr am Dualismus von Materie und Kraft, von Leib und Seele interessiert. Mit der Veröffentlichung seiner praktischen Folgerungen übt er großen Einfluß auf die entstehende wissenschaftliche Psychiatrie aus.

Alfons Glück: „Versuchstier" Woyzeck

12 [...]Immer wieder habe ich Woyzeck, vielleicht anstößig, doch in der Logik des Menschenversuchs, einen „Versuchsmenschen" genannt. Tatsächlich ist er für den Doktor noch weniger als das; er behandelt ihn wie ein Versuchstier und macht daraus auch keinen Hehl, im Gegenteil, höhnisch beruft er ihn vor den Studenten (H3,1)[1] als „Bestie". Und nachdem es einem ‚andern' Versuchstier (einer Katze) gelungen ist, die Flucht zu ergreifen, kommt er übergangslos auf Woyzeck zu sprechen − „Meine Herren, Sie können dafür [!] was anders [!] sehen, sehn Sie, der Mensch, seit einem Vierteljahr ißt er nichts als Erbsen" − und daraufhin befiehlt er der „Bestie", mit den Ohren zu wackeln, um so den fließenden Übergang Mensch/Tier zu demonstrieren: „So meine Herren, das sind so Übergänge zum Esel".[2] (Durchgehende Tiervergleiche und -gleichsetzungen, gehäuft in H3,1; eine Spiegelszene: der als Affe verkleidete Soldat auf dem Jahrmarkt, H2,3.) Nach seinen Worten ist Woyzeck eine Ratte, ja weniger als das. Wie er ihn H3,1 in höhnendem Übermut eine „Bestie" nennt, so bekennt er H4,8 im Zorn, ein Molch („Proteus") stünde seinem Herzen näher als ein Mensch: „Behüte wer wird sich über einen Menschen ärgern, ein Menschen! Wenn es noch ein proteus wäre, einem krepiert!" Solche Äußerungen muß man nicht als folgenlose und komödiantische Übertreibungen auffassen (als wär's das Gepolter des dottore in der commedia dell'arte[3]); vielmehr sollte man bedenken, was in diesem aggressiven und zynischen

Woyzecks Ende?
Behandlung eines Geisteskranken z. Zt. Büchners

Jean Etienne Dominique Esquirol,
Des maladies mentales sous les rapports médical, hygiénique et médico-légal.
Universitätsbibliothek Tübingen If II 11b (Pl. 25)

‚Humor' ans Licht dringt (wie in einer Freudschen Fehlleistung). Die Taten des Doktors bleiben schließlich nicht hinter solchen Worten zurück. Ferner sollte man sich den Zustand dessen vor Augen halten, an den solche Worte gerichtet werden. Ich war versucht zu sagen, Woyzeck werde nicht nur wie ein Versuchstier behandelt, mehr noch, er werde *als* Versuchstier behandelt. Doch das wäre eine Übertreibung. Eine faktische Gleichsetzung findet nicht statt, kann nicht stattfinden. Wenn der Doktor die „Bestie" tiefer stellt als einen Molch, so zeigt das den Grad seiner Menschenverachtung an, ist aber nicht wörtlich zu nehmen. Er behandelt ihn nicht − er kann ihn nicht behandeln − wie seine Molche und Lurche. Wenn ihm ein Proteus − vorzeitig − „krepiert" (H4,8), so ist das unerwünscht; daß aber Molche und Frösche früher oder später krepieren, ist vorgesehen und beabsichtigt. Er schlachtet sie alle ab, Vivisektion[4] läßt er sich nicht entgehen; und keiner fragt danach. Wenn ihm jedoch Woyzeck unter den Händen wegstürbe, im Menschenversuch auf der Strecke bliebe, würden immerhin Ermittlungen angestellt − wenn wir auch annehmen (müssen), sie würden bald eingestellt und der Doktor käme da heraus („plötzliches Herzversagen" oder der ‚Patient' habe sich nicht an die medizinischen Anweisungen gehalten oder ähnliches). Anklage würde kaum erhoben. Er wird ja auch nicht angeklagt, obgleich er Woyzeck in eine Psychose getrieben hat, was kaum bemerkt oder übersehen wird. Wer sollte ihm nachweisen, daß sein Experiment Woyzeck ruiniert hat? Eine Anklage gegen die Peiniger liegt außerhalb des Texthorizonts, außerhalb der Möglichkeiten, die von der Logik des Textes her denkbar sind. Doch Woyzeck wie ein Versuchstier abzuschlachten = als Versuchstier zu behandeln, daran kann der Doktor nicht denken. Er kann ihn ‚lediglich' im Rahmen der gesetzlichen Bestimmungen zugrunderichten. Deshalb schließt er ja auch, um

allen Eventualitäten vorzubeugen, mit dem Füsilier einen förmlichen Vertrag, den schriftlichen „Akkord"[5], auf den er sich in H4,8 ausdrücklich beruft. Darin hat Woyzeck sich verpflichtet, dem Doktor gegen 2 Groschen täglich seinen Körper zu Versuchszwecken zu überlassen; offensichtlich ohne zeitliche Begrenzung. Über die Gefahren des Experiments ist der arme und unwissende Soldat sich natürlich nicht im klaren gewesen. [...]

Was Woyzeck bevorstünde, wenn er nicht hingerichtet, sondern in ein Irrenhaus gesperrt würde (in H2,6 verkündet ihm der Doktor, „er kommt ins Narrenhaus"), kann man der ‚humoristischen' Vorschau auf die „unsterblichen Experimente" entnehmen, die der Doktor dem Hauptmann androht, sobald diesen ein Gehirnschlag treffen sollte (H4,9). Im Irrenhaus käme Woyzeck dem Ideal des Doktors − bloßes Objekt zu sein − einen weiteren Schritt näher. Entmündigt und willenlos, könnte er sodann keine Schwierigkeiten machen und keine „Vertragsbrüche" mehr begehen. Juristische Hemmnisse würden fast gänzlich wegfallen, und auch Kosten würde er nicht länger verursachen.[...]

In der Logik des Menschenversuchs ist Woyzeck als eine Art Versuchstier vorausgesetzt. Als Irrer fiele er dem Doktor ohne nennenswerte Einschränkungen in die Hände. Und als Leiche läßt er überhaupt keine Wünsche mehr offen. Man könnte sagen, die Leiche, die zerstückelte Leiche, die Leichenteile = die Präparate sind überhaupt das Ideal dieser ‚Medizin'. Der Mensch als Präparat ist das äußerste denkbare Extrem der Entmenschung und Degradierung zum Objekt, der Gipfel der Entfremdung. Die Bildung solcher Extreme ist für Büchners Phantasie ungemein charakteristisch.

Woyzecks Existenz in diesem Menschenversuch ist sozusagen die pauperistische[6] Fassung des „Dienstes an der Wissenschaft". Er dient ihr, wie Hekatomben[7] von Tieren und eine unübersehbare Masse von

Menschen, als Schlachtopfer. Er weist die dichteste Ähnlichkeit zu den Opfern der Kriege, Hungersnöte und Epidemien auf. Was eine Wissenschaft als Herrschaftsinstrument ist, muß der Woyzeck auf der Bühne wie der, dem der Staatsmediziner Clarus[8] gegenüberstand, am eigenen Leib erfahren.

Von Woyzeck kann man sagen: dieser Mensch wird restlos verwertet …

[…]

---

[1] Die mit der Sigle H + Ziffer versehenen Zitat- oder Paraphrasierungsnachweise beziehen sich auf die unterschiedlichen, in diesem Band nicht alle abgedruckten Entwurfsstufen (Handschriften) des Dramas.

[2] Büchners Gießener Lehrer Prof. Wilbrand ließ seinen Sohn während einer Vorlesung mit den Ohren wackeln, um vorzuführen, daß die Rückbildung der Ohrmuskulatur beim Menschen nicht abgeschlossen sei. Diese Szene hat sich dem Studenten wohl sehr tief eingeprägt; die Anspielung im „Woyzeck" ist deutlich.

[3] volkstüml. ital. Stegreifkomödie mit feststehenden Typen sowie Handlungsverlauf und Szenenfolge, aber improvisierten Monologen und Dialogen

[4] operativer Eingriff am lebenden Tier zu wissenschaftlichen Zwecken

[5] vgl. Anm. 41, S. 19

[6] zu Woyzeck als „Pauper" siehe Kap. 2.2, S. 55

[7] ursprüngl. Opferung von 100 Stieren; später i. S. von „großes Schlachtopfer", auch: Massenverluste im Krieg

[8] siehe S. 53

Gerhard Baader: Der Menschenversuch in der Geschichte

13 […] Aus all dem ergibt sich, daß Tier- wie Menschenversuche von Anfang an zum selbstverständlichen Inventar wissenschaftlicher Medizin im europäischen Abendland gehörten, und zwar ausgehend von theoretischen Fächern wie der Physiologie[1], mit dem Ziel, den eigenen theoretischen Ansatz, der hier ebenso wie in der Physik dem Versuch voranging, zu verifizieren, erst viel später zu verifizieren oder zu falsifizieren. Die Frage der Zulässigkeit dieser Versuche wird nirgends gestellt. […]

Erst mit der Beseitigung des starren Dogmatismus[2] und des scholastischen Denkens[3] der mittelalterlichen Medizin durch den Renaissancehumanismus und besonders seit der Aufklärung wurden mit der naturwissenschaftlichen Medizin selbst auch die Vorbedingungen für das Experiment neuen Stils geschaffen, und zwar um so mehr, als theoretische Reflexion und rationale Welterfahrung als Mittel zu ihrer Beherrschung eine Einheit eingehen. Auch hier bleibt jedoch das theoretische Gerüst zunächst maßgebend, […] doch wird unter der neuen Autorität der Natur die Falsifizierung der Theorie eine ernst zu nehmende Möglichkeit. Der Tier-, aber auch der Menschenversuch wird jetzt in der Medizin in noch viel größerem Maße als bisher eine nicht zu hinterfragende Methode. Die Forderung von Hume und Locke[4] als den Vordenkern dieser Zeit, nur Beobachtung und Erfahrung dürften Grundlage der Forschung sein, führte letztlich zu der Forderung von Leibniz[5] nach kontrollierten pharmakologischen[6] und klinischen Versuchen, d. h. zum Menschenversuch.

Damit hat sich das Experiment mit dem Argument der wissenschaftlichen Objektivität, das in der wissenschaftlichen Medizin im europäischen Abendland von ihrem

Beginn an ein eigenes Erfahrungsmittel gewesen war, verabsolutiert. Experimente, die lange nur Hilfe zum Beweis der Richtigkeit einer Theorie waren, die später Mittel ihrer Verifizierung oder Falsifizierung wurden, werden in der Folge das einzige wissenschaftlich zulässige Erfahrungsmittel werden, obzwar sie kein selbstverständlicher oder notwendiger Bestandteil einer Erfahrungswissenschaft sein müssen. Der Preis, der für diese Tatsache bezahlt werden mußte, ist die Aufgabe der Wahrnehmung des menschlichen Körpers als komplexes organologisches[7] Ganzes und seine Auflösung in zu behandelnde Einzelorgane. Dies ist eine Entwicklung, die im 18. Jahrhundert einsetzte. [...]

Bei all diesen klinischen Experimenten fehlt bis weit gegen das Ende des 19. Jahrhunderts — von wenigen Ausnahmen abgesehen — jedes Gefühl für medizinethische Probleme. Man beschränkt sich meist auf den allgemeinen Hinweis, daß man bei diesen Experimenten die nötige Vorsicht walten lassen müsse und betont insgesamt dabei den Wert des menschlichen Lebens. Doch sind die Versuchspersonen als Patienten von Krankenhäusern, die einen Teil der Armenversorgung bilden und daher der Unterschicht angehören, willkommene Versuchsobjekte für den Fortschritt in der Medizin, die sich rein naturwissenschaftlich versteht. „Medizin wird Wissenschaft" — d. h. Naturwissenschaft — „sein oder sie wird nicht sein" — so wird es der Kliniker Bernhard Naunyn um die Jahrhundertwende formulieren.[8] Was diskutiert wird, sind vor allem die Kriterien des Versuchs selbst, d. h. seine Reproduzierbarkeit, d. h. die Notwendigkeit von Reihenversuchen, der gleiche Zustand der Patienten und der spezifische Wirkmechanismus der angewandten Heilmittel.

Nur in zwei Publikationen aus dem Anfang des 19. Jahrhunderts wird das Problem solcher Versuche an Gefangenen angesprochen und sie als unmoralisch verurteilt, bei den Toxikologen[9] Andreas Buchner[10] und Karl Friedrich Heinrich Marx[11], beide 1827; sie dürfen weder zu Experimenten gezwungen werden noch dürfe ihre Zwangslage zu ihrer Zustimmung ausgenutzt werden. Doch das sind nur einzelne Stimmen, die im euphorischen Chor der Befürworter dieser Experimente nicht gehört werden. Zwar gibt es Höhepunkte, wie die Zeit zwischen 1850 und 1860, doch wurde, nachdem — wie man meinte — sichere Ergebnisse aus den Laboratoriumsversuchen vorlagen, ab den 1880er Jahren verstärkt der Versuch am Menschen wieder weiter ausgebaut. In Wirklichkeit hatte mit dem Beginn der neuen bakteriologischen Ära und der Erprobung der zunächst im Laboratorium und im Tierversuch entwickelten Sera im klinischen Menschenversuch — trotz aller Verbesserungen der Versuchsmethode — die mögliche Gefährdung der Versuchspersonen immens zugenommen. Die Frage der moralischen Legitimität dieser Experimente wird dabei zunächst meist überhaupt nicht gestellt. Gegenübergestellt wird im günstigsten Falle die Abwägung des möglichen Schadens für die Versuchspersonen im Gegensatz zum erhofften Nutzen für die Allgemeinheit. Der Schutz der Versuchsperson wäre vielmehr schon durch die Methodik des naturwissenschaftlichen Experiments in seiner angeblichen Exaktheit, die immer verbessert würde, gewährleistet. Die Arzt-Patienten-Beziehung, auch als Gewaltverhältnis, wird nicht einmal ansatzweise reflektiert. Nicht von medizinethischen Bedenken, sondern von prinzipiellen wie methodischen Einwänden gegen diese Medizin setzte die Kritik an dieser sogenannten „Schulmedizin" ein und betraf die Menschenexperimente nur als Teil von ihr. Es waren die Anhänger der Naturheilkunde, die das Experiment als unangemessene Methode der Erkenntnisgewinnung in der Medizin kategorisch ablehnten. Denn sie sahen in jeder Arzneitherapie primär eine

Vergiftung; Impfungen waren für sie nichts anderes als ein Mittel, Krankheiten künstlich zu erzeugen. Für sie waren Menschen dabei nichts anderes als Versuchstiere. Richtete sich ihre Kritik in den 70er Jahren des 19. Jahrhunderts vor allem gegen die Tierversuche, so war es seit den 90er Jahren der Menschenversuch, gegen den sie Argumente richteten.

Mißbrauch der ärztlichen Gewalt wird dabei deutlich und bald Gegenstand der öffentlichen Diskussion. Ihre Richtung ändert sich dabei grundlegend und zwar in Hinblick auf ein soziales Engagement; das zeigt bereits der Titel einer Artikelserie, die 1898 in der liberalen „Münchener Freien Presse" erschien, „Arme Leute in Krankenhäusern".[12] Im Rahmen dieser Diskussion, die zur allgemeinen Entrüstung führte, wurden neben der sozialen Dimension — Angehörige der Unterschicht als willkommene Versuchsobjekte — auch medizinethische Fragen zum ersten Mal ernstlich diskutiert. Anlaß dazu war ein Leserbrief, der einen erst kurz zuvor in der medizinischen Fachpresse erschienenen Artikel einem breiteren Publikum zugänglich machte.[13] [...]

[1] Wissenschaft von den Lebensvorgängen und Funktionen des menschlichen Organismus
[2] starres Festhalten an Lehrmeinungen
[3] „schulwissenschaftliches" Denken: auf die antike Philosophie gestützte, christl. Dogmen verarbeitende Philosophie und Theologie (ca. 9.—14. Jhdt.)
[4] John Locke (29.8.1632—28.10.1704) gilt als Begründer der Philosophie des aufklärerischen Empirismus; als Erfahrungsquellen läßt er nur die Sinnes- und die Selbstwahrnehmung zu. David Hume (7. 5. 1711—25. 8. 1776) folgt in seinem Denken dem antimetaphysischen Ansatz Lockes.
[5] Gottfried Wilhelm Leibniz (1. 7. 1646—14. 11. 1716), Universalgelehrter, erster dt. Philosoph der Neuzeit von hohem Rang. Er unterscheidet „Vernunftwahrheiten" von „Tatsachenwahrheiten" und versucht, der Erfahrung und dem Unbewußten gerecht zu werden, obwohl er als Ziel seines Denkens die höchste verstandesmäßige Durchdringung des Erkennens aufstellt.
[6] Arzneimittel betreffend, drogenkundlich
[7] zur Lehre von den Organen gehörend
[8] Bernhard Naunyn: Ärzte und Laien. In: Ders.: Gesammelte Abhandlungen, Bd. 2, Würzburg 1909, S. 1348
[9] Wissenschaftler, die sich mit der Lehre von den Giften und ihren Wirkungsweisen beschäftigen
[10] Johann Andreas Buchner, Landshuter Pharmazeut und Toxikologe (1783—1852)
[11] Karl Friedrich Heinrich Marx, 1796—1877, Prof. für Pathologie, Arzneimittelkunde und Medizingeschichte an der Universität Göttingen
[12] Münchener Freie Presse 1. 10. 1898—6. 4. 1900 (Die Artikelserie erschien 1900 auch als separat veröffentlichte Broschüre).
[13] Münchener Freie Presse Nr. 16 v. 20. 1. 1899

2.4 Aufklärung und Materialismus — Philosophische „Spuren" im „Woyzeck"

„Ich werde ganz dumm in dem Studium der Philosophie; ich lerne die Armseligkeit des menschlichen Geistes wieder von einer neuen Seite kennen. Meinetwegen! Wenn man sich nur einbilden könnte, die Löcher in unsern Hosen seien Palastfenster, so könnte man schon wie ein König leben, so aber friert man erbärmlich"[1].

Georg Büchners Erkenntnisekel, sozialkritisch akzentuiert und durch selbstironische Bildlichkeit abgemildert, stammt wohl aus der Zeit seines zweiten Straßburger Aufenthalts, der ihm Weiterführung und Vertiefung seiner schon 1831−33 in Straßburg neben dem Medizinstudium betriebenen Beschäftigung mit der Philosophie ermöglicht. Der zwischenzeitliche Wechsel an die Universität Gießen hatte Büchner unzufrieden gemacht: Die Trennung von seiner Verlobten, eine schwere Erkrankung, Auswirkungen der Schikanen des Polizei-Staates, nicht zuletzt die Abneigung gegen mittelmäßige Lehrer und wenig überzeugende Methoden in seinem Medizinstudium schwächten ihn körperlich und seelisch. Um die Distanz zu den politischen Tagesereignissen wiederzugewinnen, beabsichtigte er, Geschichte und Philosophie zu studieren. Letztlich verband er dann das eine mit dem anderen, beschäftigte sich tagsüber mit Medizin, bei Nacht mit Geschichte und Philosophie. Der fleißige Büchner wurde von seinen Kommilitonen als hochmütig angesehen, zumal er sich nicht den Burschenschaften anschloß. Durch August Becker lernte er Friedrich Ludwig Weidig kennen; sein „revolutionärer" Lebensabschnitt als Verfasser des „Hessischen Landboten" und Gründer der „Gesellschaft für Menschenrechte" begann.

Als Büchner Ende 1835 Präparationsarbeiten für seine Dissertation „Mémoire sur le système nerveux du barbeau" (Über das Nervensystem der Barben) aufnahm, weilte er in Straßburg unter veränderten Bedingungen: Er war nun politischer Flüchtling, in Hessen steckbrieflich gesucht. Seine Alltagssorgen und unklare Zukunftsperspektive ließen ihn noch bis zur Abreise im September 1836 schwanken, was seine endgültige Bestimmung sei:

„Ich habe mich jetzt ganz auf das Studium der Naturwissenschaften und der Philosophie gelegt und werde in kurzem nach Zürich gehen, um in meiner Eigenschaft als überflüssiges Mitglied der Gesellschaft meinen Mitmenschen Vorlesungen über etwas ebenfalls höchst Überflüssiges, nämlich über die philosophischen Systeme der Deutschen seit Cartesius und Spinoza zu halten"[2].

Erneut der selbstironische Ton − er sollte aber nicht über die Ernsthaftigkeit hinwegtäuschen, mit der Büchner dieses Studium betrieb. Wie sich Büchners philosophischer Standpunkt in der Auseinandersetzung mit dem Denken der Tradition und seiner Gegenwart bildet und differenziert, zeigen seine Exzerpte und Notizen über René Descartes (1596−1650) und Baruch de Spinoza (1632−1677), weniger die über griechische Philosophie[3]. Seine Kritik am neuzeitlichen Rationalismus Descartes' mit seinen „mathematischen" Beweisstrukturen und dem Dualismus von Mensch und Tier sowie sein umfangreiches Studium der Französischen Revolution und ihres heillosen Verlaufs, in dem menschliche Absichten immer mehr zu terroristischen Maßnahmen entarten, machen den „Aufklärer" Büchner zum Skeptiker gegenüber aufklärerischen Ideen. Es liegt nahe, daß ein Dramatiker, der viele Menschen als Objekte der

Geschichte sieht, in seinen Schriften so häufig die Maschinen- bzw. Marionettenmetapher verwendet: Die satirische Spitze solcher Metaphorik richtet sich zum einen gegen den Feudalstaat, der als menschenfeindliches System denunziert wird, und gegen dessen Repräsentanten als gefühllose Funktionäre der Macht. Zum anderen betrifft die Maschinen-/Marionettenmetapher auch die unterdrückten Individuen selbst, wird jeder einzelne als Marionette seiner inneren Maschine verdächtig[4].

Büchners dramatisches Fragment „Woyzeck" ist geprägt von Grundhaltungen, die Büchner bei Spinoza fand: Determinismus[5] und Fatalismus[6]. Des Hauptmanns Vorwurf, Woyzeck habe „keine Tugend" (Szene 5), deutet das Ende der bürgerlichen Existenz Woyzecks voraus, denn nach Spinozas Affektenlehre ist das Fundament der Tugend das Streben nach Selbsterhaltung. Büchner ist tief überzeugt von der Unabänderlichkeit der gesellschaftlichen Gegebenheiten und der menschlichen Ohnmacht, sie zu ändern. In seinen Aufzeichnungen übt er auch Kritik an Spinozas Gottesbeweis (vgl. die Dramenfigur Payne in „Dantons Tod", III, 1), ohne daß Büchner selbst völlig mit dem Atheismus zu identifizieren wäre. In seinem Denken geht es weniger um Gott und um metaphysische Dinge als um den Menschen, nicht mehr um Erkennen, sondern um Handeln. Er nähert sich sensualistischen Vorstellungen, wenn er das Gefühl und das Bemühen um irdisches Glück in den Mittelpunkt seiner Betrachtungen stellt.

Das anthropozentrische (d. h. den Menschen, nicht Gott, in den Mittelpunkt der Welt stellende) Weltbild teilt Georg Büchner mit Ludwig Feuerbach (1804−72), dessen Hauptwerk „Das Wesen des Christentums" vier Jahre nach Büchners Tod erschien. Während jedoch Feuerbach das Bewußtsein verändern will, richtet Büchner seine Überlegungen auf die Praxis der gesellschaftlichen Umstände. Fernab der großen geistigen Zentren und folglich auch unbeeinflußt von den Kämpfen der Schüler Hegels[7], erarbeitete sich Büchner seine geistigen Positionen aus eigenem Denken. In vielem ist er Vorläufer und Wegbereiter[8]. Von Karl Marx (1818−83) trennen ihn seine Resignation, sein Determinismus und sein Mangel an historischem Denken: „Vom Fels des Atheismus aus erblickt Marx ein Gelobtes Land, Büchner dagegen nur das Grau in Grau hoffnungslosen Elends"[9].

Die nachfolgenden Materialien bieten einige der zentralen Denkansätze, die philosophische Elemente des „Woyzeck" konstituieren.

---

[1] Büchner an Gutzkow. Straßburg 1835. In: Georg Büchner: Werke und Briefe. Münchener Ausgabe, a. a. O., S. 311 f.

[2] Georg an Wilhelm Büchner. Straßburg, 2. 9. 1836. In: Georg Büchner: Werke und Briefe. Münchener Ausgabe, a. a. O., S. 321

[3] Büchners diesbezügliche Notizen sind Auszüge aus Wilhelm Gottlieb Tennemanns „Geschichte der Philosophie" und sollten wohl zum Vorbereiten einer Vorlesung ohne Darstellung eigener Positio-

nen dienen. Einige andere Quellen wurden inzwischen nachgewiesen; weitere Funde scheinen denkbar.

[4] Vgl. Peter Gendolla: „Nichts als Kunst und Mechanismus". Maschinenmetaphern bei Büchner. In: Katalog 1987, S. 306—311, hier: S. 307. — Die Textstellen sind bei Drux, S. 85f genannt.

[5] Lehre von der kausalen Vorherbestimmung des Geschehens; der Willensfreiheit widersprechende Lehre von der Bestimmung des Willens durch innere oder äußere Ursachen.

[6] Ergebenheit in die Unabänderlichkeit des Schicksals; vgl. Büchners Brief, S. 84

[7] Georg Wilhelm Friedrich Hegel (1770—1831), Staats-, Geschichts-, und Religionsphilosoph. Vgl. Katalog 1987, a.a.O., S. 276—281.

[8] Günter Oesterles These vom „Komischwerden der Philosophie in der Poesie" (Georg Büchner-Jahrbuch 3/1983, S.200—239) billigt Büchner in diesem Zusammenhang ebenfalls eine Vorreiterrolle zu.

[9] Hans Mayer: Georg Büchner und seine Zeit. Frankfurt/M.: Suhrkamp [2]1974, S. 365

Julien Offray de la Mettrie:[1] Der Mensch als Maschine

14 [...] Der Körper des Menschen ist eine Maschine, die ihre Triebfedern selbst spannt, ein lebendiger Inbegriff der ewigen Bewegung. Die zugeführte Nahrung sorgt dafür, daß sie in Gang bleibt. Ohne Nahrung verliert die Seele zunehmend an Kraft, bis sie sich noch einmal kurz aufbäumt und dann an Entkräftung stirbt, so wie die Flamme einer Kerze noch einmal kurz aufflackert, bevor sie erlischt. Versorgt man den Körper jedoch mit vorzüglicher Nahrung und stärkenden Säften, so wird die Seele ebenso vorzüglich sein und stark: sie wird heldenhaften Mut entwickeln, und ein Soldat, der zuvor, als er nur Wasser bekam, schnell die Flucht ergriff, wird nun verwegen sein und frohen Herzens in den Tod marschieren. Dies geschieht mit der gleichen Gewißheit, wie das Blut durch heißes Wasser erregt und durch kaltes Wasser beruhigt wird. [...] Vergleichbar sind die Folgen minderwertiger Ernährung, die den Geist schwerfällig und stumpf werden lassen, bis ihn fast nur noch Trägheit und Gleichgültigkeit kennzeichnen. [...]

Die wahren Philosophen sind sich einig darüber, daß der Übergang vom Tier zum Menschen nicht abrupt ist. Was war der Mensch vor der Erfindung von Wort und Sprache? Eine bestimmte Tierart, die weit schlechter mit natürlichem Instinkt ausgestattet war als die anderen Tiere, für deren König er sich damals noch nicht hielt. Vom Affen und anderen Tieren unterschied er sich nur wie auch schon der Affe von diesen, d. h. durch eine differenziertere Physiognomie. Beschränkt auf das „intuitive Wissen" der Leibnizianer[2] nahm er die Formen und Farben nur wahr, ohne sie begrifflich auseinanderhalten zu können. Ob alt oder jung: er blieb zeitlebens ein Kind und äußerte seine Empfindungen und Bedürfnisse in der Art etwa eines Hundes, der, vom Hunger getrieben, nach Futter oder, der Ruhe überdrüssig, nach Auslauf verlangt.

Wörter, Sprache, Gesetze, Wissenschaften und Künste haben sich entwickelt, und erst durch sie bekam der Rohdiamant unseres Geistes seinen Schliff. Man wird als Mensch ebenso durch Dressur geformt wie ein Tier, zum Schriftsteller ebenso wie zum Lastträger. Ein Mathematiker, der schwierigste Beweise und Berechnungen durchführt, hat dies ebenso gelernt wie ein Affe, der auf einem dressierten Hund reitet und dabei ein Hütchen ab- und aufsetzt. All das wurde vermittels Symbolen erreicht, und jede Gattung hat genau das begriffen, was sie begreifen konnte. Die Menschen haben auf diese Weise das *symbolische Wissen* erworben, das von den Philosophen Deutschlands noch heute so bezeichnet wird.

Wie man sieht, ist nichts so einfach wie die Technik, auf der unsere ganze Bildung beruht. Alles reduziert sich auf Töne bzw. Wörter, die aus dem Mund des einen durch das Ohr des anderen in dessen Gehirn gelangen, das parallel dazu über die Augen die Gestalt derjenigen Körper aufnimmt, für die jene Wörter die willkürlichen Symbole sind. [...]

Die Wörter und Figuren, die zu ihnen gehören, sind im Gehirn derart miteinander verknüpft, daß man kaum ein Ding ohne zugehöriges Symbol (Name) imaginieren kann.

Ich verwende hier immer das Wort *imaginieren,* weil ich der Ansicht bin, daß man alles imaginiert und berechtigterweise alle Komponenten des Geistes auf die Imagination zurückführen kann. Urteilskraft, Schlußvermögen und Gedächtnis sind also nur Komponenten des Geistes bzw. der Seele, sind keineswegs unabhängig und in Wahrheit Modifikationen auf jener besonderen Sorte aus Gehirnmark gewirkter Leinwand, auf die die im Auge abgebildeten Objekte wie von einer Laterna magica[3] projiziert werden. [...]

Da nun aber einmal alle Funktionen der Seele dermaßen von der entsprechenden Organisation des Gehirns und des gesamten Körpers abhängen, daß sie offensichtlich nichts anderes sind als diese Organisation selbst, haben wir es ganz klar mit einer Maschine zu tun. Wäre der Mensch etwa in geringerem Maße Maschine, wenn ihm allein das Natürliche Gesetz zuteil geworden wäre? Ein paar Rädchen und Triebfedern mehr als bei den vollkommensten Tieren, ein Gehirn, das proportional näher beim Herzen liegt und somit bei sonst gleichen Verhältnissen besser mit Blut versorgt ist, und ... was weiß ich? ... unbekannte Ursachen brächten stets das

empfindliche und verletzliche Gewissen sowie das Schuldgefühl hervor, das zur Materie genauso gehört wie das Denkvermögen; brächten, mit einem Wort, den ganzen Unterschied hervor, den man hier immer geltend macht. Reicht also die Organisation für eine vollständige Erklärung aus? Ja, und nochmals ja! Das Denken entwickelt sich doch ganz offensichtlich mit den Organen. Warum sollte die Materie, aus der sie bestehen, nicht auch Schuldgefühle hervorbringen können, seit sie irgendwann einmal im Laufe der Zeiten die Fähigkeit des Empfindens erworben hatte? [...]

Betrachten wir diese Triebfedern der menschlichen Maschine etwas näher! Alle vitalen, animalischen, natürlichen und unwillkürlichen Bewegungen geschehen durch sie. Ist es etwa keine unwillkürliche, maschinelle Reaktion, wenn der Körper vor einem Abgrund zurückweicht, an dessen Rand er sich ganz plötzlich gestellt sieht? Wenn die Augenlider, wie man behauptet hat, vor kommender Gefahr zuklappen? Wenn die Pupille bei Tageslicht sich verengt, um die Retina[4] zu schonen, und bei Dunkelheit sich erweitert, um Gegenstände noch erkennen zu können? Ist es keine maschinelle Reaktion, wenn die Poren der Haut sich schließen, damit die Kälte nicht ins Innere der Gefäße dringt? Wenn der Magen der durch Gifte, Opium, Brechmittel usw. gereizt wird, sich erleichtert? Wenn Herz, Arterien und Muskeln sich während des Schlafs ebenso kontrahieren wie im Wachzustand? Wenn die Lunge als ein ununterbrochen tätiger Blasebalg funktioniert? Ist es nicht maschinell, wie die Schließmuskeln der Blase und des Mastdarms funktionieren? Wie das Herz sich stärker kontrahiert als jeder andere Muskel? Wie die Erektionsmuskeln den Penis aufrichten (beim Menschen ebenso wie bei den Tieren, die sich mit ihm den Bauch klopfen, und sogar beim Kleinkind, das bei Reizung jener Partie durchaus einer Erektion fähig ist)?

Letzteres zeigt, nebenbei gesagt, daß in diesem Glied eine einzigartige, noch wenig erforschte Triebfeder wirksam ist, deren Funktionsweise man trotz aller Erkenntnisse der Anatomie noch nicht befriedigend erklären kann. [...]

[1] Julien Offray de la Mettrie (1709–51); Studium der Theologie abgebrochen, dann Medizinstudium, Militärarzt, Verfasser moralphilosoph. Schriften, Vorleser beim Preußenkönig, der ihn zum Akademiemitglied ernannte. Die Schrift „L'homme machine" (Leiden 1748) beruht auf Gedanken, die La Mettrie durch Selbstbeobachtung während eines heftigen Fiebers entwickelte.
[2] Anhänger der Philosophie des Gottfried Wilh. Leibniz (vgl. Anm. 5, S. 77)
[3] „Zauberlaterne", einfachster, im 17. Jhdt. erfundener Projektionsapparat
[4] Netzhaut des Auges

Paul-Henri Dietrich von Holbach:[1]
Der Mensch als Materie[2] und Bewegung

15 Der Mensch ist das Werk der Natur, er ist ihren Gesetzen unterworfen, er kann sich nicht von ihr frei machen, er kann nicht einmal durch das Denken von ihr loskommen. Für ein Ding, das durch die Natur geformt ist, existiert nichts außerhalb des großen Ganzen. Die Dinge, von denen man annimmt, daß sie über der Natur stehen oder daß sie von ihr verschieden sind, werden immer Trugbilder sein, von denen wir uns niemals wirkliche Ideen machen können. Der Mensch ist ein rein physisches Wesen; der moralische Mensch ist nichts anderes als dieses physische Wesen, betrachtet unter einem bestimmten Gesichtspunkt. Sein Körperbau ist das Werk der Natur. Seine sichtbaren Handlungen, ebenso wie die unsichtbaren Bewegungen, sind natürliche Wirkungen seines eigentümlichen Mechanismus. Alles, was er nach und nach erfunden hat, war immer nur eine notwendige Folge des ihm eigentümlichen Wesens. Ebenso ist es mit all unseren Ideen. Die Kunst ist nur die Natur, die durch von ihr selbst geschaffene Werkzeuge wirkt. Alles, was wir tun, ist nur Antrieb der Natur. Auf das Physische und auf die Erfahrung muß der Mensch bei allen seinen Forschungen zurückgehen. Die Natur wirkt nach einfachen Gesetzen. Sobald wir die Erfahrung verlassen, führt uns unsere Einbildungskraft irre. So hat man sich aus Mangel an Erfahrung unvollkommene Ideen von der Materie gemacht. Die menschliche Trägheit findet Genüge darin, sich lieber durch das Beispiel, das Herkömmliche, die Autorität führen zu lassen als durch die Erfahrung, welche Tätigkeit verlangt, und durch die Vernunft, welche Überlegung erfordert. Daher jene Abneigung gegen alles, was von den Regeln abweicht; daher der Respekt vor den Institutionen des Altertums. Unerfahrenheit bringt Leichtgläubigkeit mit sich. Nehmen wir die Erfahrung zum Führer, betrachten wir die sichtbare Welt: Sie zeigt uns überall nur Materie und Bewegung. Die Bewegung allein ist es, die Beziehungen zwischen unseren Organen und den in uns und um uns befindlichen Dingen herstellt. Eine Ursache ist ein Ding, das ein anderes in Bewegung setzt oder das irgendeine Veränderung in ihm hervorruft. Die Wirkung ist die Veränderung, die ein Körper in einem anderen vermittelst der Bewegung hervorruft. Auf welche Art ein Körper auch auf uns wirken mag, wir haben von ihm nur Kenntnis durch irgendeine Veränderung, die er in uns hervorgerufen hat. Von den im Innern des Menschen vor sich gehenden Bewegungen, von seinen Gedanken, seinen Leidenschaften, seinem Willen können wir uns auf Grund der Handlungen Ideen machen. So vermuten wir, wenn wir einen Menschen fliehen sehen, daß er von

Furcht getrieben wird. Die Bewegungen der Dinge sind immer notwendige Folgen des Wesens der Dinge. Jedes Ding hat ihm eigentümliche Bewegungsgesetze. Alles im Universum ist Bewegung [...] Die Seele folgt denselben Gesetzen wie der Körper, sie entsteht mit dem Körper, ist schwach in der Kindheit, sie teilt seine Freuden und Leiden, ist gesund oder krank, wirksam oder schlaff, wachsam oder schläfrig wie er. Infolgedessen überredete man sich, daß diese Seele nicht sterben würde. Da die Natur allen Menschen die Liebe zu ihrem Dasein eingepflanzt hat, ließ sie der Wunsch, darin zu verharren, zufrieden an eine unsterbliche Seele glauben. Wenn dieser Wunsch auch natürlich ist, ist er aber ein Beweis für die Realität eines künftigen Lebens? Wir begehren das ewige Leben des Körpers, und doch wird dieses Verlangen nicht befriedigt. Warum sollte das Verlangen nach dem ewigen Leben unserer Seele eher befriedigt werden als das erste? Die Seele ist nichts anderes als das Prinzip unseres Empfindungsvermögens. Was ist denken, genießen, leiden anderes als empfinden? Wenn also der Körper zu leben aufhört, kann das Empfindungsvermögen nicht mehr in Tätigkeit sein; er kann also, der Sinne beraubt, keine Ideen mehr haben. Die Seele kann nur vermittels ihrer Organe empfinden. Wie könnte sie nach der Zerstörung ihrer Organe wirken? Dagegen könnte man das Argument der göttlichen Allmacht anführen. Welche Natur man der göttlichen Allmacht aber auch zuschreiben möge, sie kann nicht bewirken, daß eine Sache zu gleicher Zeit existiere und nicht existiere; sie kann nicht bewirken, daß eine Seele ohne die notwendigen Vermittler, die für das Denken erforderlich sind, denke.

Ungeachtet des Trostes einer ewigen Existenz bemerken wir doch, daß viele Menschen über die Auflösung der Körper sehr bekümmert sind, ein Beweis dafür, daß das Wirkliche und Gegenwärtige sehr viel mehr Einfluß auf die Menschen hat als die besten Zukunftsbilder [...] Der Mensch, der kein anderes Leben erwartet, ist darum nicht weniger daran interessiert, seine Existenz zu verlängern und mit seinen Mitmenschen während des einzigen Lebens, das er kennt, im Guten auszukommen. Die sinnlose Lehre von einem künftigen Leben hindert uns daran, auf Erden glücklich zu sein. Wir verkümmern im Irrtum, schmachten im Elend, und das alles in der Hoffnung auf einen glücklicheren Tag. Man hat sich die Zukunft nach der Gegenwart vorgestellt. Wir finden überall Freuden und Leiden, ein Paradies und eine Hölle. Ein Körper mußte vorhanden sein, damit die Seele angenehme Empfindungen haben konnte; so entstand die Lehre von der Auferstehung. Aber wie konnten sich die Menschen zu dem Glauben an die Existenz einer Hölle bewegen lassen? Weil der Mensch gleich jenen Kranken, die selbst die schmerzhafteste Existenz nicht aufgeben möchten, die Idee eines unglücklichen Daseins derjenigen einer Nichtexistenz vorzog, die er als das schrecklichste aller Übel ansah. Nicht aus einer ideellen Welt also darf man die Beweggründe holen, um das Handeln in der hiesigen Welt zu bestimmen. In der Natur, in der Erfahrung, in der Wahrheit haben wir sowohl die Heilmittel gegen die Leiden der Menschheit wie auch die Triebkräfte zu suchen, die geeignet sind, dem menschlichen Herzen die Neigungen zu geben, die für das Wohl der Gesellschaft wahrhaft von Nutzen sind. [...]

[1]   Paul Heinrich Dietrich von Holbach, 1723 in der Pfalz geborener, am 21. 6. 1789 in Paris gestorbener Philosoph (Namensschreibweise oft auch frz.: Didier d'Holbach); führend im Kreise der Enzyklopädisten an der Wende zu Materialismus (philosoph. Lehre, die die gesamte Wirklichkeit auf Kräfte und Bedingungen der Materie zurückführt) und Atheismus beteiligt, lehnt metaphys. Naturerklärungen ab.

[2]   Stoff, Substanz; außerhalb unseres Bewußtseins vorhandene Wirklichkeit im Gegensatz zum Geist

Büchners „Fatalismusbrief"

16 *An die Braut*
(Gießen, um den 9.–12. März 1834)

Hier ist kein Berg, wo die Aussicht frei sei. Hügel hinter Hügel und breite Täler, eine hohle Mittelmäßigkeit in Allem; ich kann mich nicht an diese Natur gewöhnen, und die Stadt ist abscheulich. Bei uns ist Frühling, ich kann deinen Veilchenstrauß immer ersetzen, er ist unsterblich wie der Lama. Lieb Kind, was macht denn die gute Stadt Straßburg? es geht dort allerlei vor, und du sagst kein Wort davon. Je baise les petites mains, en goûtant les souvenirs doux de Strasbourg.[1]

„Prouve-moi que tu m'aimes encore beaucoup en me donnant bientôt des nouvelles"[2]. Und ich ließ dich warten! Schon seit einigen Tagen nehme ich jeden Augenblick die Feder in die Hand, aber es war mir unmöglich, nur ein Wort zu schreiben. Ich studierte die Geschichte der Revolution. Ich fühlte mich wie zernichtet unter dem gräßlichen Fatalismus der Geschichte. Ich finde in der Menschennatur eine entsetzliche Gleichheit, in den menschlichen Verhältnissen eine unabwendbare Gewalt, Allen und Keinem verliehen. Der Einzelne nur Schaum auf der Welle, die Größe ein bloßer Zufall, die Herrschaft des Genies ein Puppenspiel, ein lächerliches Ringen gegen ein ehernes Gesetz, es zu erkennen das Höchste, es zu beherrschen unmöglich. Es fällt mir nicht mehr ein, vor den Paradegäulen[3] und Eckstehern der Geschichte mich zu bücken. Ich gewöhnte mein Auge ans Blut. Aber ich bin kein

Guillotinenmesser. Das *muß* ist eins von den Verdammungsworten, womit der Mensch getauft worden. Der Ausspruch: es muß ja Ärgernis kommen, aber wehe dem, durch den es kommt,[4] – ist schauderhaft. Was ist das, was in uns lügt, mordet, stiehlt? Ich mag dem Gedanken nicht weiter nachgehen. Könnte ich aber dies kalte und gemarterte Herz an deine Brust legen! B.[5] wird dich über mein Befinden beruhigt haben, ich schrieb ihm. Ich verwünsche meine Gesundheit. Ich glühte, das Fieber bedeckte mich mit Küssen und umschlang mich wie der Arm der Geliebten. Die Finsternis wogte über mir, mein Herz schwoll in unendlicher Sehnsucht, es drangen Sterne durch das Dunkel, und Hände und Lippen bückten sich nieder. Und jetzt? Und sonst? Ich habe nicht einmal die Wollust des Schmerzes und des Sehnens. Seit ich über die Rheinbrücke ging, bin ich wie in mir vernichtet, ein einzelnes Gefühl taucht nicht in mir auf. Ich bin ein Automat[6]; die Seele ist mir genommen. Ostern ist noch mein einziger Trost; ich habe Verwandte bei Landau, ihre Einladung und die Erlaubnis, sie zu besuchen. Ich habe die Reise schon tausendmal gemacht und werde nicht müde. – Du frägst mich: sehnst du dich nach mir? Nennst du's Sehnen, wenn man nur in einem Punkt leben kann und wenn man davon gerissen ist, und dann nur noch das Gefühl seines Elendes hat? Gib mir doch Antwort. Sind meine Lippen so kalt? [...] – Dieser Brief ist ein Charivari[7]: ich tröste dich mit einem andern.

---

[1] Ich küsse die (deine) kleinen Hände und genieße dabei die süßen Erinnerungen an Straßburg.

[2] Beweise mir, daß du mich noch sehr liebst, indem du bald etwas von dir hören läßt.

[3] eigtl. zur Parade dressierte und besonders herausgeputzte Pferde; hier im übertragenen Sinne: Für ihre Auftritte vor der Öffentlichkeit kostümierte und dekorierte Herrscher, Machthaber bzw. deren unmittelbare Günstlinge; unter „Eckstehern" versteht man ursprünglich Leute, die herumlungern und nicht gern arbeiten; hier wohl i. S. v. „Höflinge der Mächtigen, unbedeutende Zeitgenossen" aufzufassen.

[4] Vgl. NT, Luk. 17,1 und Matth. 18,7

5   B.: vermutlich Büchners Straßburger Studienfreund Eugen Boeckel (1811−1896)
6   menschenähnliche Maschine, Vorform des Roboters
7   hier i. S. von „heilloses Durcheinander". Zu den div. Bedeutungen des Begriffs vgl. Roger Pinon:
    Qu'est-ce qu'un charivari? Essai en vue d'une définition opératoire. In: Kontakte und Grenzen. Fs.
    für Gerhard Heilfurth. Göttingen: Otto Schwartz 1969, S. 393−405

Der „Fluch des Muß"
(Georg Büchner, Dantons Tod, II,5)

17 [...]
Julie. Die Republik war verloren.
Danton. Ja verloren. Wir konnten den Feind nicht im Rücken lassen, wir wären Narren gewesen, zwei Feinde auf einem Brett, wir oder sie, der Stärkere stößt den Schwächeren hinunter, ist das nicht billig?
Julie. Ja, ja.
Danton. Wir schlugen sie, das war kein Mord, das war Krieg nach innen.
Julie. Du hast das Vaterland gerettet.
Danton. Ja das hab' ich. Das war Notwehr, wir mußten. Der Mann am Kreuze hat sich's bequem gemacht: es muß ja Ärgernis kommen, doch wehe dem, durch welchen Ärgernis kommt. Es muß, das war dies Muß. Wer will der Hand fluchen, auf die der Fluch des Muß gefallen? Wer hat das *Muß* gesprochen, wer? Was ist das, was in uns hurt, lügt, stiehlt und mordet? Puppen sind wir von unbekannten Gewalten am Draht gezogen; nichts, nichts wir selbst! Die Schwerter, mit denen Geister kämpfen, man sieht nur die Hände nicht, wie im Märchen.
Jetzt bin ich ruhig.
Julie. Ganz ruhig, lieb Herz?
Danton. Ja Julie, komm, zu Bette!

Rudolf Drux: „Inszenierte Metapher".
Das „Marionettenmotiv" bei Büchner

18 In seinem Beitrag zur Seelengeschichte „von der Genie-Zeit bis zum Biedermeier" sieht Rudolf Majut[1] mit dem Werk Georg Büchners „eine Höchststeigerung der sich in langer Entwicklung ausfaltenden Motivik" der Marionette erreicht; um ihre Ausprägung im einzelnen Text und ihre Bedeutung für das ganze Werk zu erhellen − was einer motivgeschichtlichen Bewertung vorausgehen muß −, empfiehlt sich jedoch (aus gegebenem Anlaß, wie gleich zu sehen ist) eine nüchterne Sichtung des Befundes, und zwar als chronologische Auflistung der Stellen, in denen der Autor Büchner das Marionetten/Automaten-Motiv realisiert (die Stellenangabe verbinde ich hier nur mit einigen Stichworten [...])

1. Brief Nr. 20 An die Braut (Gießen, um den 7. März 1834)
„[...] und wenn dann die ganze Maschinerie zu leiern anfing [...]" (S. 287)[2]

2. Brief Nr. 21 An die Braut (Gießen, um den 9.−12. März 1834)
„[...] die Herrschaft des Genies ein Puppenspiel [...] Ich bin ein Automat; die Seele ist mir genommen." (S. 288 f.; hier abgedruckt S. 84)

3. Der Hessische Landbote − Juli-Fassung (1834)
„[...] eine Drahtpuppe, an der die fürstliche Puppe zieht [...]" (S. 48)

4. Dantons Tod, II,3 (Ein Zimmer)
„Schnitzt Einer eine Marionette, wo man den Strick hereinhängen sieht [...]" (S. 95)

5. Dantons Tod, II,5 (Ein Zimmer)
„Puppen sind wir von unbekannten Gewalten am Draht gezogen [...]" (S. 100; hier abgedruckt S. 85)
6. Brief Nr. 45 An die Familie (Straßburg, 28. Juli 1835)
„[...] nichts als Marionetten mit himmelblauen Nasen und affectirtem Pathos [...]" (S. 306)
7. Lenz
„Da wolle man idealistische Gestalten, aber Alles, was ich davon gesehen, sind Holzpuppen." (S. 144)
8. Leonce und Lena, I,1 (Ein Garten)
„[...] der armen Puppe einen Frack anziehen [...]" (S. 162)
9. Leonce und Lena, III,3 (Großer Saal)
„[...] die zwei weltberühmten Automaten [...] Nichts als Kunst und Mechanismus [...]" (S. 186)
10. Cartesius (philosophische Exzerpte)
„[...] der *homme machine* wird vollständig zusammengeschraubt. [...] Der ächte Typus des Intermechanismus."[3]

Diese Belege entstammen ganz verschiedenen Textsorten, und so differieren sie auch im Grade ihrer Vermitteltheit, was als Indiz dafür gelten kann, daß die Marionetten/Puppen/Automaten-Metapher in Büchners Denken und Schreiben fest verankert ist. Was ihre jeweilige Aktualisierung veranlaßt hat, ist erst durch eine genauere Betrachtung ihres Werkkontextes sowie ihres zeit- und geistesgeschichtlichen Umfeldes auszumachen; aber schon einer oberflächlichen Lektüre kann nicht entgehen, daß sie auf kein einheitliches Signifikat[4] festzulegen ist, verweist sie doch ebenso auf existentielle Zwänge wie soziale Determiniertheit[5], in gleicher Weise auf Gefühlsstarre und Sinnleere wie künstlerische Unnatur. Die semantische[6] Tragfähigkeit der Metapher hat auf viele Büchner-Interpreten so gewirkt, daß sie selbst dort Automaten am Werk und Marionetten gezogen sehen, wo Büchner Personen agieren läßt, also immerhin menschliche Figuren, auch wenn diese oft

auf einen Typ oder eine soziale Rolle reduziert werden. So vergleicht beispielsweise Eberhard Henze[7] unter der Fragestellung „Mensch oder Marionette?" Gestalten von Kleist und Büchner, wobei er aber beständig die Disjunktion[8] verwischt: „Büchners Marionetten werden beherrscht durch die Fäden, an denen sie hängen, bei Kleist geben die Fäden einen Halt". Und zum „Marionettensymbol" (der Symbol-Begriff ist eher zufällig gewählt) in *Dantons Tod* merkt er an: „Danton ist determiniert, er handelt nicht. Er ist nicht verblendet, sondern sieht exakt die Fäden seiner Abhängigkeit", was etwas erstaunt angesichts des wenig später zitierten Satzes Dantons, wonach er die Menschheit „von unbekannten [!] Gewalten" beherrscht fühlt. [...]
Als *Metapher* muß die Marionette seit dem Sturm und Drang als Ausdruck für Erstarrung, Kraft- und Leblosigkeit und gestelzte Manier in der Kunst herhalten — von den „Marionettenpuppen", die J. M. R. Lenz als blutleere, fabelfixierte Charaktere aus der Tragödie entfernt wissen will, über die von Büchner bekämpften ‚idealistischen Holzpuppen' erstreckt sich ihr pejorativer[9] Gebrauch bis ins moderne Showgeschäft: im *Eiskunstlauf* der Paare, so ein Trainer, müsse man endlich wegkommen vom „synchronisierten Schattenlaufen zweier geschlechtsloser Marionetten". [...]

Dieser kurze interdisziplinäre Ausflug mag eine vage Vorstellung davon geben, wie die Marionette als umfassender metaphorischer Begriff deskriptiv verwertet werden kann. Die Untersuchungen zu ihrer Tropik[10] haben gezeigt, daß vor allem drei ihrer Eigenschaften als Vergleichskriterien dienen: 1. ihre reine Stofflichkeit; 2. ihre Gelenktheit an Drähten oder Fäden; 3. ihre mechanischen Bewegungen. Im übertragenen Sinn stehen sie — und ich kann mich nach den ausführlichen Darlegungen zuvor jetzt mit starken Vereinfachungen begnügen — für 1. Gefühllo-

Anschlagzettel für das Automatentheater v. Ch. J. Tschuggmall.
Aus: Katalog Georg Büchner, Stroemfeld/Roter Stern, Frankfurt, S. 308

sigkeit und seelische Verhärtung; 2. völlige Abhängigkeit von bestimmenden Größen verschiedener Provenienz; 3. zwanghafte Umgangs- und wesensfremde Ausdrucksformen. Mit diesen Phänomenen ist das Marionetten-Syndrom umschrieben. Daß es in solcher Komplexität bei literarischen Personen zu diagnostizieren ist, d. h. auf Stadien ihrer Entwicklung und Formen ihres Verhaltens bezogen werden kann, haben die im ersten Kapitel angeführten, vornehmlich epischen Beispiele für die psychische Koinzidenz von Ohnmachtsgefühl, emotionaler Erstarrung und Ichfremdheit bewiesen. Aus einer derartigen Gemüts- und Geisteslage ergibt sich aber auch für eine dramatische Gestaltung hinreichend Konfliktstoff. Im politischen Spannungsfeld von Restauration und Revolution und zwischen den metaphysischen Mahlsteinen eines pessimistischen Glaubens an das sinnlose Dirigat des Zufalls und der Hoffnung in den notwendigen sinnvollen Gang der Geschichte muß sich beispielsweise ein mechanistisches Handeln als Surrogat echten tätigen Mitgefühls ebenso wie ein selbstgerechtes Beharren auf unangefochtenen sittlichen Normen und sozialen Regeln im Symptomenkomplex der Marionette kompromittieren. [...]

[1] Rudolf Majut: Lebensbühne und Marionette. Ein Beitrag zur seelengeschichtlichen Entwicklung von der Genie-Zeit bis zum Biedermeier. Berlin 1931
[2] Die Quellenangaben beziehen sich bei Drux auf die histor.-krit. Ausgabe Werner R. Lehmanns; sie wurden von den Hrsg. dieses Buches, dem neueren Editionsstand entsprechend, der Münchner Büchner-Ausgabe angepaßt.
[3] Die Münchner Ausgabe verzichtet auf den Abdruck der philosoph. Exzerpte Büchners. Quellenangabe nach: G. B.: Sämtl. Werke und Briefe. Historisch-kritische Ausgabe mit Kommentar. Hg. von Werner R. Lehmann (Hamburger Ausgabe), Bd. II: Vermischte Schriften u. Briefe, Hamburg: Christian Wegner 1971, S. 137−226, hier: S. 179
[4] „Bezeichnetes", Zeichen
[5] Bestimmtheit, Abhängigkeit, Festgelegtsein; vgl. auch Anm. 5, S. 80
[6] Lehre von der Bedeutung sprachlicher Zeichen
[7] Eberhard Henze: Mensch oder Marionette? Gedanken zu Kleist und Büchner. In: Merkur Jg. 21 (1967), Heft 232, S. 1144−1154
[8] Verknüpfung zweier Aussagen durch das ausschließende „entweder-oder"
[9] abwertend
[10] Lehre von der „uneigentlichen", bildlichen Sprache

2.5 „Dem Volk auf's Maul geschaut" — Büchners Verarbeitung von Volksliedern und Märchen

„Ich verlange in allem Leben, Möglichkeit des Daseins, und dann ist's gut; wir haben dann nicht zu fragen, ob es schön, ob es häßlich ist. Das Gefühl, daß, was geschaffen sei, Leben habe, stehe über diesen beiden und sei das einzige Kriterium in Kunstsachen. Übrigens begegne es uns nur selten: in Shakespeare finden wir es, und in den Volksliedern tönt es einem ganz, in Goethe manchmal entgegen; alles übrige kann man ins Feuer werfen."[1]

Sprache im „Woyzeck" ist keine bloße Wiedergabe der Volkssprache, darf nicht naturalistisch mißverstanden werden. Sie dient vor allem als kunstvolles Stilmittel; selbst die Verwendung des Dialekts erfolgt als „Kunstsprache" mit dem Zweck, in der eigenen Form den Gehalt des Dramas zu realisieren[2]. Dennoch schaut Büchner auf sehr spezifische Weise „dem Volk auf's Maul": In seinen Dramen zeugen Sprichwörter und Redensarten[3], im „Woyzeck" seine Volksliedzitate und schließlich das sperrige und im Kontext des Dramas interpretationsbedürftige Märchen der Großmutter von seinem Interesse an lebendiger Erzähl- und Liedtradition. Noch in einem seiner letzten Briefe bittet er die Braut, Volkslieder zu lernen[4]. Freilich „archiviert" Büchner das Gehörte bzw. Gelesene nicht nach Art Arnims, Brentanos, der Brüder Grimm oder anderer von „Volkspoesie" begeisterter Sammler des frühen 19. Jahrhunderts, die nahezu allesamt gleichwohl nicht nur bewahrten, sondern überarbeiteten, kürzten oder hinzudichteten. Büchner integriert das, was er in Wirtshäusern, auf Reisen oder bei Freunden (z. B. Stoeber) mitbekommen hat, funktional; sein poetisches Material dient zur Charakterisierung der Figuren ebenso wie zur Aufspaltung des Chors (aus dem antiken bzw. klassischen Drama) in einzelne, repräsentative Figuren (z. B. Soldat, Handwerksbursch, Marktschreier der verschiedenen Entwurfsstufen), deren Lieder seinen sozial und pessimistisch ausgerichteten „Realismus" akzentuieren[5]. Gelegentlich erhält das Lied eine Ergänzung durch die Prosaeinlage wie in der Jahrmarktszene, in der parodistischen Predigt des Handwerksburschen oder im Märchen der Großmutter. Büchner schöpft frei aus dem Volksgut; zwar hat er einige Male auf die 1806−1808 erschienene Sammlung „Des Knaben Wunderhorn" zurückgegriffen, meist zitiert er jedoch das zu seiner Zeit noch gegenwärtige, lebendige Lied. Bei der Wahrscheinlichkeit mehrerer nebeneinander existierender Fassungen ist es durchaus schwierig festzustellen, inwieweit er sich an die Überlieferung hält. Nachfolgend werden − aus Platzgründen exemplarisch − zwei Quellen von Liedzitaten aus der hier abgedruckten Form des Dramas zusammengestellt. Aus ihnen lassen sich, ebenso wie aus den Vorlagen zum Märchen, einige Elemente von Büchners Arbeitsweise bei der Abfassung seiner „Woyzeck"-Fragmente erschließen.

Szene 1: Saßen dort zwei Hasen ...

Die Verse stammen aus dem Lied "Zwischen Berg und tiefem Tal".

Die vollständige Strophe lautet:

Zwischen Berg und tiefem, tiefem Thal,
Saßen einst zwei Hasen,
Fraßen ab das grüne, grüne Gras,
Bis auf den Rasen.

Es handelt sich um ein Studentenlied, das seit etwa 1820 bekannt ist und 1843 im Erstdruck erschien (vgl. Ludwig Erk/Franz M. Böhme: Deutscher Liederhort, 3 Bde, Leipzig 1893 f.; hier: Bd. 1, Nr. 170, S. 527 f.). Nach Johann Lewalter (Hrsg.): Dt. Volkslieder in Niederhessen gesammelt. Kassel [2]1896, 5.

Heft, Nr. 46, S. 82 f. wurden die beiden letzten Zeilen nicht wiederholt, so daß Hans Winkler in seiner Greifswalder Dissertation von 1925 (Georg Büchners ‚Woyzeck'), S. 128, mit Recht behaupten kann, Büchner habe offenbar eine andere Melodie gekannt (vgl. auch G. Büchner, Münchner Ausgabe, a. a. O., S. 673 und Fink, a. a. O., S. 444 sowie Bornscheuer, a. a. O., S. 4 f. u. Walter Hinderer, Büchner-Kommentar, S. 193).

Szene 17: Leiden sei all mein Gewinst …
Die beiden ersten Zeilen des Liedes sind die von Büchner leicht veränderten letzten Verse der dritten Strophe des Liedes von Christian Friedrich Richter (Pietist aus Halle; Ende 17. Jhdt.) „Gott, den ich aus Liebe kenne, Der du Krankheit auf mich legst (…)", das nach Richters Tod im 2. Teil des „ersten klassischen deutschen pietistischen Gesangbuchs", hrsg. von J. A. Freylinghausen, 1714 erschien. Vgl. Heinrich Anz: „Leiden sey all mein Gewinnst". In: Georg Büchner Jahrbuch 1 (1981), S. 160—168. Laut Anz sind die beiden weiteren Zeilen des Liedes wohl von Büchner hinzugedichtet worden (Bornscheuer, a. a. O., S. 25, ist somit zu korrigieren.) Vgl. dazu auch Heinz Rölleke in: Euphorion 89, 1995, S. 331 ff.

---

[1]   Aus Büchners Erörterungen über die Kunst, zitiert nach: Gonthier-Louis Fink: Volkslied und Verseinlage in den Dramen Georg Büchners. In: Wolfgang Martens (Hrsg.): Georg Büchner. Darmstadt: Wiss. Buchges. 1969, S. 443—487, hier: S. 446

[2]   Vgl. Albert Meier: Georg Büchner „Woyzeck". München: Fink [2]1986, S. 64—66

[3]   Es wäre interessant und nützlich, Herkunft und Verbreitungsgebiet der in Büchners Dramen verwendeten Sprichwörter und Redensarten zu ermitteln. Vgl. dazu besonders Anlage und Methodik der in Verbindung mit Lothar Bluhm von Heinz Rölleke herausgegebenen Studie zum Sprichwort in den KHM der Brüder Grimm „Redensarten des Volkes, auf die ich immer horche", Bern/Frankfurt/New York/Paris: Peter Lang 1988.

[4]   Brief Büchners v. 20. 1. 1837 (Münchner Ausgabe, a. a. O., S. 325). Vgl. Walter Hinck: Theater der Hoffnung. Frankfurt/M.: Suhrkamp 1988, S. 76

[5]   Vgl. Gonthier-Louis Fink, a. a. O., S. 486

Brüder Grimm: Die Sterntaler [KHM 153]

19 Es war einmal ein kleines Mädchen, dem war Vater und Mutter gestorben, und es war so arm, daß es kein Kämmerchen mehr hatte, darin zu wohnen, und kein Bettchen mehr, darin zu schlafen, und endlich gar nichts mehr als die Kleider auf dem Leib und ein Stückchen Brot in der Hand, das ihm ein mitleidiges Herz geschenkt hatte. Es war aber gut und fromm. Und weil es so von aller Welt verlassen war, ging es im Vertrauen auf den lieben Gott hinaus ins Feld. Da begegnete ihm ein armer Mann, der sprach: „Ach, gib mir etwas zu essen, ich bin so hungerig." Es reichte ihm das ganze Stückchen Brot und sagte: „Gott segne dir's", und ging weiter. Da kam ein Kind, das jammerte und sprach: „Es friert mich so an meinem Kopfe, schenk mir etwas, womit ich ihn bedecken kann." Da tat es seine Mütze ab und gab sie ihm. Und als es noch eine Weile gegangen war, kam wieder ein Kind und hatte kein Leibchen an und fror: da gab es ihm seins; und noch weiter, da bat eins um ein Röcklein, das gab es auch von sich hin. Endlich gelangte es in einen Wald, und es war schon dunkel geworden, da kam noch eins und bat um ein Hemdlein, und das fromme Mädchen dachte: „Es ist dunkle Nacht, da sieht dich niemand, du kannst wohl dein Hemd weggeben", und zog das Hemd ab und gab es auch noch hin. Und wie es so stand und gar nichts mehr hatte, fielen auf einmal die Sterne vom Himmel, und waren lauter harte blanke Taler; und ob es gleich sein Hemdlein weggegeben, so hatte es ein neues an, und das war vom allerfeinsten Linnen. Da sammelte es sich die Taler hinein und war reich für sein Lebtag.

Brüder Grimm: Die sieben Raben [KHM 25]

20 Ein Mann hatte sieben Söhne und immer noch kein Töchterchen, sosehr er sich's auch wünschte; endlich gab ihm seine Frau wieder gute Hoffnung zu einem Kinde, und wie's zur Welt kam, war's auch ein Mädchen. Die Freude war groß, aber das Kind war schmächtig und klein und sollte wegen seiner Schwachheit die Nottaufe haben. Der Vater schickte einen der Knaben eilends zur Quelle, Taufwasser zu holen; die andern sechs liefen mit, und weil jeder der erste beim Schöpfen sein wollte, so fiel ihnen der Krug in den Brunnen. Da standen sie und wußten nicht, was sie tun sollten, und keiner getraute sich heim. Als sie immer nicht zurückkamen, ward der Vater ungeduldig und sprach: „Gewiß haben sie's wieder über ein Spiel vergessen, die gottlosen Jungen." Es ward ihm angst, das Mädchen müßte ungetauft verscheiden, und im Ärger rief er: „Ich wollte, daß die Jungen alle zu Raben würden." Kaum war das Wort ausgeredet, so hörte er ein Geschwirr über seinem Haupt in der Luft, blickte in die Höhe und sah sieben kohlschwarze Raben auf und davon fliegen.

Die Eltern konnten die Verwünschung nicht mehr zurücknehmen, und so traurig sie über den Verlust ihrer sieben Söhne waren, trösteten sie sich doch einigermaßen durch ihr liebes Töchterchen, das bald zu Kräften kam und mit jedem Tage schöner ward. Es wußte lange Zeit nicht einmal, daß es Geschwister gehabt hatte, denn die Eltern hüteten sich, ihrer zu erwähnen, bis es eines Tags von ungefähr die Leute von sich sprechen hörte, das Mädchen wäre wohl schön, aber doch eigentlich schuld an dem Unglück seiner sieben Brüder. Da ward es ganz betrübt, ging zu Vater und Mutter und fragte, ob es denn Brüder gehabt hätte und wo sie hingeraten wären. Nun durften die Eltern das Geheimnis nicht länger verschweigen, sagten jedoch, es sei so des Himmels Verhängnis und seine Geburt nur der unschuldige Anlaß gewesen. Allein das Mädchen machte sich täglich ein Gewissen daraus und glaubte, es müßte seine Geschwister wieder erlösen. Es hatte nicht Ruhe und Rast, bis es sich heimlich aufmachte und in die weite Welt ging, seine Brüder irgendwo aufzuspüren und zu befreien, es möchte kosten, was es wollte. Es nahm nichts mit sich als ein Ringlein von seinen Eltern zum Andenken, einen Laib Brot für den Hunger, ein Krüglein Wasser für den Durst und ein Stühlchen für die Müdigkeit.

Nun ging es immerzu, weit, weit bis an der Welt Ende. Da kam es zur Sonne, aber die war zu heiß und fürchterlich und fraß die kleinen Kinder. Eilig lief es weg und lief hin zu dem Mond, aber der war gar zu kalt und auch grausig und bös, und als er das Kind merkte, sprach er: „Ich rieche, rieche Menschenfleisch." Da machte es sich geschwind fort und kam zu den Sternen, die waren ihm freundlich und gut, und jeder saß auf seinem besondern Stühlchen.

Der Morgenstern aber stand auf, gab ihm ein Hinkelbeinchen und sprach: „Wenn du das Beinchen nicht hast, kannst du der Glasberg nicht aufschließen, und in dem Glasberg, da sind deine Brüder." Das Mädchen nahm das Beinchen, wickelte es wohl in ein Tüchlein und ging wieder fort so lange, bis es an den Glasberg kam. Das Tor war verschlossen, und es wollte das Beinchen hervorholen, aber wie es das Tüchlein aufmachte, so war es leer, und es hatte das Geschenk der guten Sterne verloren. Was sollte es nun anfangen? Seine Brüder wollte es erretten und hatte keinen Schlüssel zum Glasberg. Das gute Schwesterchen nahm ein Messer, schnitt sich ein kleines Fingerchen ab, steckte es in das Tor und schloß glücklich auf. Als es eingegangen war, kam ihm ein Zwerglein entgegen, das sprach: „Mein Kind, was suchst du?" „Ich suche meine Brüder, die sieben Raben", antwortete es. Der Zwerg sprach: „Die Herren Raben sind nicht zu Haus, aber willst du hier so lange warten, bis sie kommen, so tritt ein." Darauf trug das Zwerglein die Speise der Raben herein auf sieben Tellerchen und in sieben Becherchen, und von jedem Tellerchen aß das Schwesterchen ein Bröckchen, und aus jedem Becherchen trank es ein Schlückchen; in das letzte Becherchen aber ließ es das Ringlein fallen, das es mitgenommen hatte.

Auf einmal hörte es in der Luft ein Geschwirr und ein Geweh, da sprach das Zwerglein: „Jetzt kommen die Herren Raben heimgeflogen." Da kamen sie, wollten essen und trinken und suchten ihre Tellerchen und Becherchen. Da sprach einer nach dem andern: „Wer hat von meinem Tellerchen gegessen? Wer hat aus meinem Becherchen getrunken? Das ist eines Menschen Mund gewesen." Und wie der siebente auf den Grund des Bechers kam, rollte ihm das Ringlein entgegen. Da sah er es an und erkannte, daß es ein Ring von Vater und Mutter war, und sprach: „Gott gebe, unser Schwesterlein wäre da, so wären wir erlöst." Wie das Mädchen, das hinter der Türe stand und lauschte, den Wunsch hörte, so trat es hervor, und da bekamen alle die Raben ihre menschliche Gestalt wieder. Und sie herzten und küßten einander und zogen fröhlich heim.

Ingrid Oesterle: Das Märchen als „Integrationspunkt" des Dramas [*]

21 Ein Märchen als „Integrationspunkt" eines Dramas, in seine Peripetie[1] episch eingelegt, „szenisch gestaltet" durch die Erzählaufforderung eines Kindes, begleitet von dem vergeblichen Versuch zu singen[2], mit dem Thema: „Kein Ausweg, kein Licht am Ende, keine Erlösung, nur hoffnungslose Einsamkeit"[3], strukturell zweigeteilt in trostloses Alleinsein zunächst auf der Erde, dann in Bezug auf die Gestirne — die Beschreibung trifft auf Büchners Kontrafaktur[4] eines Märchens im *Woyzeck* zu; allein sie paßt auch auf ein Schauermärchen, das ein Indianerkönig Sohn und Frau im Gefängnis erzählt. Das Drama hat den Titel: *Alla-Moddin*, wurde verfaßt von *Ludwig Tieck*

1790—91, wurde wiederveröffentlicht — und war damit *Georg Büchner* leicht zugänglich — im 11. Band der *Schriften* (Berlin 1829), S. 324 f.:

„Lini. Ein Märchen, Vater? — O erzähle, ich will es nachher meinem Vogel wieder erzählen, damit ich etwas zu thun habe.

Alla-Moddin. Fern von seinem Vaterlande war Runal in einem schwarzen Walde verirrt, die Winde bliesen mit heiserer Stimme durch die klappernden Zweige, Kälte übergoß mit Zittern seinen Körper. Räuber (es waren Europäer) nahmen ihm seine Kleider, der Regen trieb ihm schneidend entgegen, er zitterte vor Frost. — Der Wald öffnet sich — er tritt heraus. — Der

Himmel mit dicht über einander gewälzten Wolken verhüllt, kein Stern, kein Mondenstrahl, vor ihm eine große unendliche Wüste. – Kein Mensch in der Nähe? seufzt Runal, und blickt umher; kein Licht? kein Mensch? – Sein Blick kehrt unbefriedigt, thränenvoll zurück. Noch einmal blickt er rückwärts nach dem Wald, die Vergangenheit düster hinter ihm, die Zukunft öde vor ihm. – Ha! dort zwischen schwarzen herabhangenden Wolken, an der fernen Gränze des Horizonts, ein blaues, flimmerndes Licht, dicht an den Boden gedrängt. – Neu gestärkt geht er nach diesem Lichte zu, es erhebt sich, und war – ein *Stern*! – Schaudernd wirft sich Runal nieder, und weint, itzt noch trostloser als zuvor[5].
Amelni (seufzend). Ich verstehe Dich.
Lini. Und weinte denn der Stern nicht mit ihm?
Amelni (greift nach der Laute). Soll ich singen?"

Büchners Märcheneinlage im Drama, seine Kontrafaktur von Volksmärchen ist vorgebildet in einem Tieckschen Kunstmärchen im Schauerton. Das sogenannte ‚Antimärchen' ist doppelte Kontrafaktur: eine des Volksmärchens und – mit Hilfe dessen – auch eine Kontrafaktur des romantischen Kunstmärchens, dessen Literarität zurückgenommen wird. Es endet mit dem Kennwort des Genres: Schauder. Die Frage nach der Gefühls- und Mitleidsfähigkeit der Schöpfung schließt an. *Büchner* wird entschieden die negative Antwort in die Märchenerzählung einbeziehen.

Man hat das Märchen im *Woyzeck* als Focus[6] zentraler Wortmotive ausgemacht, die sich gewebeartig durch das ganze Stück spannen. Die ästhetische Organisationsinstanz, die diese Wortmotive über verschiedenste Szenen hinweg zusammenhält, ist der einsilbig, lakonisch gewordene literarische Schauer. Die Motivreihe Blut, rotes Meer gehört z. B. diesem ästhetischen Feld genauso an, wie die Feststellung „Still, Alles still, als wäre die Welt todt" in der Angstatmosphäre der ersten Szene in der Stadt[7], die Wiederholung „alles todt" im Märchen[8] ebenso wie die Äußerungen der verzweifelt zu beten suchenden Marie:
„Schlägt sich auf die Brust. Alles todt![9]
Eine im sprachlichen Motivkern wörtliche Parallele findet sich in Tiecks *Der Abschied:*
„– und hernach alles so still, kein Laut in der ganzen Natur, – alles todt! *todt,* Louise."[10]

---

[1] Wendepunkt, Umschwung im Drama
[2] Dieses „Schauermotiv" (Oesterle) findet sich auch in Zacharias Werners Drama „Der vierundzwanzigste Februar".
[3] Oesterle zitiert hier Karl Viëtor.
[4] von lt. contra-gegen und factura-Verfertigung: ursprüngl. geistl. Umdichtung eines weltl. Liedes, seltener umgekehrt; unter Beibehaltung der Melodie, aber Ersetzen der inhaltlich wichtigsten Wörter durch entsprechende andere erfolgende Umdichtung
[5] Vgl. zur Rezeption des Märchenmotivs auch die Szene „Ein armseliges Zimmer. Spätnachmittag" der Tragödie „Hans Heinrich" von Hans Henny Jahnn. In: H. H. J.: Werke und Tagebücher in sieben Bänden. Mit einer Einleitung von Hans Mayer. Hrsg. von Thomas Freeman und Thomas Scheuffelen. Bd. 4: Dramen I, Hamburg: Hoffmann & Campe 1974, S. 117–153, hier: S. 144 f. – „Sterntaler" nennt Albrecht Goes 1949 ein Gedicht; der Dramatiker Franz Xaver Kroetz gibt einem seiner Stücke diesen Titel.
[6] Brennpunkt
[7] vgl. Woyzeck, Szene 1, S. 8
[8] vgl. Woyzeck, Szene 19, S. 31
[9] vgl. Woyzeck, Szene 16, S. 27 f
[10] Ludwig Tieck: Der Abschied. In: Ludwig Tieck's Schriften, Bd. 2, Berlin 1828, S. 307 f.

Benno von Wiese: Das Anti-Märchen*

22 [...] Das tragische Lebensgefühl Büchners – „Wir müssen's wohl leiden", sagt Lucile in „Dantons Tod" – hat an einer Stelle des „Woyzeck" eine eigentümliche mythische Sinndeutung gefunden. Es geschieht in dem bitter-traurigen Märchen, das die Großmutter den Kindern erzählt, diesem Märchen der völligen Hoffnungslosigkeit, in die der Mensch hinausgestoßen ist. Ein armes Kind verliert Vater und Mutter. Es sucht sie Tag und Nacht auf der Erde, aber findet niemand. Da auf der Erde sein Suchen vergeblich war, erhofft es Trost am Himmel, beim Mond, der es so freundlich anschaut. Aber als es näher kommt, war der Mond nur ein Stück faules Holz. Als es zur Sonne ging, um sich dort trösten zu lassen, war die Sonne nur eine verwelkte Sonnenblume, und als es zu den Sternen kam, waren die Sterne nur kleine goldne Mücken, die angesteckt waren, wie der Neuntöter sie auf die Schlehen steckt. Da will es schließlich auf die Erde zurück, aber die Erde war ein umgestürzter Hafen. „Und es war ganz allein, und da hat es sich hingesetzt und geweint, und da sitzt es noch und ist ganz allein."

Es ist tragische Ironie, wenn Büchner die Form des Märchens, also der Illusion und des Zaubers wählt, um seine illusionslose und entzauberte Welt in ein mythisches Gleichnis zu fassen. Was sich hier ereignet, ist die *Selbstaufhebung des Märchens. Das Märchen verkehrt sich tragisch in sein Gegenteil, in das Anti-Märchen.* Die Dinge bedeuten etwas anderes, als sie scheinen. Aber es ist umgekehrt wie im eigentlichen Märchen. Sie bedeuten nicht mehr, sondern weniger. Das Märchen hat nicht mehr, wie bei Kleist, die Kraft, einer allzu gebrechlichen Welt die Gnade des erfüllten Traums zu schenken. Greift man hinter den Schein, so stößt man nicht auf das Wesen, sondern nur noch auf das Nichts. [...]

Matthias Langhoff: Die traurigen Märchen*

23 Das Märchen ist alt, traurig und dumm. WOYZECK als soziales Rührstück eines weltverbessernden Moralisten, versehen mit grellen Effekten und einem pikanten Schuß Offenheit in der Abbildung menschlichen Elends und sozialer Ungerechtigkeit, behauptet sich als anhaltender Kassenschlager auf einer Schaubühne, die sich als moralische Anstalt versteht.

Revolutionäre Ideologen, sozialistische Reformer, Demokraten, ja sogar völkische Erneuerer sind fasziniert von einer pamphlethaften Eindeutigkeit, die sie sich in ihrem Sinn jeweils zu deuten berechtigt glauben. Nur wenige Werke der Literatur wurden mit soviel Erfolg so unnachgiebig wie der Büchnersche WOYZECK mißhandelt. Die Verunstaltung des Büchnerschen Textes hängt zusammen mit der sozialen Funktion des Theaters oder genauer mit dessen Einordnung im sozialen Gefälle. Da jede soziale Schicht aus ihren eigenen Erfahrungen ihre eigene Kultur und ihr eigenes Weltverständnis entwickelt, liegt es vielleicht daran, daß die Woyzecks und Maries bis auf den heutigen Tag als Produzenten von Kultur noch keinen Platz im eingeordneten Kulturbetrieb haben, so daß ihr Verständnis einer chaotischen Welt nicht zur Sprache kommen kann. Mehr noch, alle andere Kultur hat die Aufgabe, das Aufsteigen dieser Kultur zu unterdrücken, sie fernzuhalten von den subventionierten öffentlichen Einrichtungen, sie ins Abseits zu drängen, ins Reich des Monströsen, in die Schlammzone des Bewußtseins, in den Mülleimer der Sittenlosigkeit. Und diese unterdrückte Kultur trägt deshalb alle Zeichen der Verstümmelung, des In-den-Schmutz-Getreten-Seins, der Bösartigkeit und der Verachtung. Doch leuchtet sie auch in ihrer unbesiegbaren Kraft, in ihrer Unmoral, in ihrem entdisziplinierenden, befreienden Charakter. Und obwohl es diese Kultur immer gab und sie älter ist als alle ihr folgende Kultur, ist es nicht paradox, von ihr als von einer Gegenkultur zu sprechen, da sie zumeist ihre unzerstörbare Kraft aus der Bejahung der Negation bezieht. Diese Kultur lebt von der Umkehr aller vorhandenen Werte, sie setzt ein Einverständnis mit dem Chaos, mit der Zerstörbarkeit voraus. Eine solche Kultur schafft sich ihre eigene Ästhetik, die nicht nur der bürgerlichen Ästhetik entgegengesetzt ist, sondern diese auch als ein disziplinierendes Machtinstrument entlarvt: dem glatten Weiß wird das schmutzige grelle Gemisch aller Farben entgegengesetzt: der schwarze Held verlacht die Blässe des weißen. Das Abstoßende, Häßliche, Gewalttätige, Monströse, Ungerechte, Obszöne glänzt in seinen wahrhaftigen Farben. Die Disharmonie wird der Harmonie vorgezogen, Bejahung der Negation wie des Negativen, der Ekel vor dem Schmutz, die Angst vor dem Tod, die Sorge um die Zukunft, der Schrecken vor dem Bösen, die Hemmung vor dem Verbrechen sind dieser Kultur Krankheiten und keine Tugenden. Was soll Tugend dem, welcher in eine Existenz gedrängt wurde, in der es keine Schuldfähigkeit gibt? Diese Kultur versucht nichts zu retten, sie treibt die Zerstörung voran. Die Frage nach dem Kommenden ist ihr überflüssig, da sie nach dem Seienden auch nie gefragt wurde. Sie ist von unzerstörbarem Fatalismus, sie kämpft mit der Kraft, die sie aus ihrem Fatalismus zieht. Die Hoffnung ist, daß sie zu Wort kommt, daß sie sich wehrt gegen einen immer von neuem die Welt ordnenden Heilsglauben, der doch immer nur von dem Besseren und dem Schlechteren spricht, und dabei nichts anderes als Bevorzugte und Benachteiligte meint.˙

Sollte sie ihren Kampf gewinnen, so wird sie aus den Trümmern der untergegangenen Kulturen vielleicht sich das WOYZECK-Fragment herausklauben und es nutzen, wie sie es brauchen kann.

Büchners WOYZECK ist kein trauriges Märchen, er ist nur in die Hände von Märchenerzählern gefallen; der Versuch würde lohnen, ihn aus diesen Händen zu befreien. Dann wird man auch den Sinn des Märchens der Großmutter in WOYZECK verstehen, das ein Anti-Märchen ist und keine Moral besitzt und schon gar nichts erklären will; es ist grausam, aber nicht traurig, es spielt mit dem Fatalismus wie mit etwas Vertrautem ohne Erschrecken, es widersetzt sich der Ordnung — ein Endspiel, nicht aus Zukunftsvision, sondern als lang andauernder Zustand:

„Es war einmal ein arm Kind und hat kein Vater und kein Mutter, war alles tot und war niemand mehr auf der Welt. Alles tot, und es is hingegangen und hat gesucht, Tag und Nacht. Und weil auf der Erd niemand mehr war, wollt's in Himmel gehn, und der Mond guckt es so freundlich an; und wie es endlich zum Mond kam, war's ein Stück faul Holz. Und da ist es zur Sonn gangen, und wie es zur Sonn kam, war's ein verwelkt Sonnenblum. Und wie's wieder auf die Erde wollt, war die Erde ein umgestürzter Hafen. Und es war ganz allein, und da hat sich's hingesetzt und geweint, und da sitzt es noch und is ganz allein.“

… und da sitzt es noch und is ganz allein. Die meisten Märchen enden mit: „und wenn sie nicht gestorben sind, dann leben sie noch heute.“ Aber dieses Kind sitzt einfach da und ist ganz allein. Da wird gar nicht die Möglichkeit, daß es noch lebt, in Frage gestellt. Das Fehlen dieser üblichen Frage ist frappant. In dieser Welt scheint die Frage einfach nicht zu existieren, und das wirkt nicht wie eine postulierte Unsterblichkeit. (Eher der andere Schluß „und wenn sie nicht gestorben sind …“ impliziert die Hoffnung und den Wunsch nach Unsterblichkeit, also auch Angst vor dem Gedanken des Todes.) In dem Märchen der Großmutter gibt es dieses Todesproblem scheinbar nicht, das Kind sitzt einfach da. Es wird schon sterben oder auch nicht. Das ist keine interessierende Frage, obwohl doch alle anderen tot sind. Das Leben wird in seiner Vergänglichkeit einfach hingenommen. Die tote Mutter und der tote Vater, das sitzende Kind, alle im gleichen Zustand der Ruhe. Und Sonne, Mond und Sterne sind bloß ein Haufen Dreck. Das Kind weint, da es ein Kind ist, später, vielleicht erst wenn es auch tot ist, wird es lachen.

Das Verständnis dieses Märchens ist der Wegweiser in das Woyzecksche Fragment. Jede Beschreibung, auch die hier vorgenommene, führt in die falsche Richtung. Die Beschreibung erzeugt Trauer und Mitleid. Schauer vor der Ausweglosigkeit. Dabei vergißt man, daß dieses Märchen seinen Sinn daraus bezieht, daß es ein Antworten ist. Daß es sich gegen die Märchen stellt, also selbst nur als Negation von etwas Bekanntem auftritt. Es verspottet die üblichen Märchen, deren Sinn, deren Funktion, deren Moralität. Es verspottet das Kind, das weg will, nur weil es allein ist. Es ist zynisch und böse. Es provoziert eine befreiende Handlung gegen die Agonie des Leidens, denn es steht unmittelbar, wie eine letzte Herausforderung, vor der Ermordung Maries durch Woyzeck. Es lebt wie jede Provokation davon, daß ihr widersprochen wird.

GROSSMUTTER: ... Und da sitzt es noch und ist ganz allein!
WOYZECK: Marie!
MARIE: Was is?
WOYZECK: Marie, wir wollen gehn, s' ist Zeit.
MARIE: Wohinaus?
WOYZECK: Weiß ich's?
Eine Lüge: Er weiß es. Jetzt weiß er es.

Jan Thorn-Prikker: Das Märchen — Resignation der dramatischen Form*

24 Die entscheidende Funktion des Märchens wird von allen Interpreten hervorgehoben, nur über seine Aussage bestehen größte Differenzen. Mir scheint, daß man am Märchen zwei Dinge festhalten kann, die außer Diskussion stehen und zugleich Hinweise auf seine Bedeutung liefern:
1. Die Uneinigkeit, die in bezug auf die Bedeutung des Märchens besteht, macht indirekt eine Aussage über diese Bedeutung; sie ist Teil seines Gehaltes selber.
2. Auffallend ist, daß ein Autor an einer entscheidenden Stelle den Kommentar, den er geben will, nicht mehr vermittelt über die dramatische Struktur gibt, sondern dadurch, daß er eine eigenständige literarische Form einführt. Das Märchen ist ein Stück Epik im Drama. Das Drama wechselt hier die Form, um sich selbst kommentieren zu können. Die dramatische Form ersetzt sich, an diesem Punkt zerbrechend, durch ein Stück Epik.

Das Drama als Form basiert konstitutiv auf dem Individuum und dessen sprachlicher Artikulation. Woyzeck aber ist sprachlos, eigentlich kein Individuum. Seine Sprachlosigkeit hat, wie gesagt, im Drama besonders verheerende Folgen. Da er sich sprechend nicht erklären kann, kann er auch keinen angemessenen Auftritt im Drama finden. Andere müssen für ihn sprechen, oder über ihn sprechen. Er bleibt ein Rätsel. Die *Bildhaftigkeit der Szenen*, in denen Woyzeck auftaucht, ist wichtiger als die Aussagen, die in diesen Szenen, die Bilder sind, gemacht werden. Man kann Woyzeck nicht verstehen, indem man ihm zuhört, sondern indem man ihm zusieht. Die Bildstruktur der Szenen kompensiert die Sprachlosigkeit des in ihnen agierenden Woyzeck. Auch die anderen Menschen sagen das Falsche über ihn, sie sind als seine Klassengegner untaugliche, befangene Zeugen. Da sprechende Wesen seiner Klasse nicht existieren, das Drama aber deutlich die Intention der Verteidigung Woyzecks verfolgt, müssen, so paradox es klingen mag, die Dinge und Situationen selber zu sprechen beginnen. Die Bilder der Situationen, in denen er befangen ist, tragen die Aussagen, nicht die Menschen, die in ihnen vorkommen. Das Drama tendiert zum sozialen Drama, es tendiert zur Epik. Es muß episch werden, weil die vorgeführten Menschen ihre von der Form des Dramas vorausgesetzte Individualität noch nicht gewonnen haben, und so noch mehr durch die Verhältnisse, in denen sie leben, bestimmt werden, als durch ihren eigenen Willen und ihr eigenes Bewußtsein. Die materialistische Ansicht des Individuums als einem gesellschaftlichen Wesen, welche implizit eine Desillusionierung der bürgerlichen Ansicht vom freien Individuum bedeutet, führt zu einem Bruch in der Form des Dramas, die allein auf dieser Illusion der Freiheit aufbaut.

In dem Augenblick, wo Personen des Volkes als dramatische Personen auf die Bühne treten, wo die bürgerliche Illusion des freien Individuums durch den Auftritt unfreier Personen kritisiert wird, wo unbürgerliche Wesen in den Ausdrucksraum der Bürger treten, zerbricht die bürgerliche Form. Am Märchen kann man diesen Prozeß deutlich verfolgen. Ausgegangen wird dabei von der Annahme, daß dann, wenn die Grundbedingungen des Dramas, Individualität und deren sprachliche Artikulation durch die Wahl unfreier Personen, nicht erfüllt wird, andere Elemente im Drama die verlorengegangene Sprache ersetzen müssen.

Dies geschieht das ganze Drama hindurch mit der Bildhaftigkeit der Szenen, besonders aber im Märchen, dem *Sinnbild dieses Dramas.*

Die Epik des Märchens verweist auf die Bedeutung der Verhältnisse, in denen die dargestellten Menschen leben. Diese Verhältnisse sprechen, auch wenn die Menschen schweigen.

Interessant an dem Märchen ist aber auch die damit von Büchner gewählte epische Form. Die Wahl der Gattung liefert zugleich einen Hinweis auf die schwer zu entziffernde Bedeutung des Märchens. Märchen sind eine Erzählform aus vergangener Zeit, aus vorbürgerlichen Tagen. Für die Zeit Büchners ist diese bereits anachronistisch. Büchners Märchen zeigt deutlich die Spuren einer gealterten Form. Herkömmliche Märchen verfügten über eine Lehre, eine Moral; sie redeten, weil man sie kinderleicht verstehen konnte. Nichts mehr davon ist in Büchners Märchen zu finden. Es tendiert, wie die Tierszenen, zum Symbol. Daß alles am Leben falsch sei, will es sagen, ohne seine Aussage erklären zu können. Zugleich ist es aber auch sinnlos, wird in der Szene von der Großmutter Kindern erzählt, die schlafen sollen. Sagt nichts. Eigentlich sagt es nur: hier gehörte eine Erklärung hin, aber ich weiß keine.

Im Märchen resigniert gleichsam die dramatische Form bei Büchner. Was die Personen des Dramas nicht sagen können, soll die so vermittelte Situation zeigen. Das Publikum bekommt so den Hinweis darauf, daß es gilt, den Blick von den Personen abzuwenden auf die Verhältnisse, in denen sie leben, nicht mehr und nicht weniger. So bleibt das Märchen vieldeutig, ein Rätsel. Die Vieldeutigkeit der Interpretationen wiederholt nur, was an Mängeln im Märchen selber angelegt ist. Fehlerhaft wird sie erst dadurch, daß man versucht, sie zur Eindeutigkeit zu schlichten.

3. Büchners literarisches Selbstverständnis und dramentheoretische Position

Büchner hat keine geschlossene Darstellung — etwa in Form eines Aufsatzes oder einer literarischen Kritik — zu poetologischen Fragen hinterlassen; sein sozialrevolutionäres Engagement, sein Studium und das konkrete literarische Schreiben schienen ihm zu dieser Zeit wohl wichtiger gewesen zu sein als das Abklären grundsätzlicher kunsttheoretischer Überlegungen, die ohnehin nur einen kleinen Kreis der literarischen Intelligenz interessiert hätten; ‚lebensferne‘ theoretische Debatten (vgl. seine Distanz zum „Jungen Deutschland‘) waren nicht seine Sache, und schließlich war Büchner ja auch nur eine kurze Schaffenszeit beschieden. Um zumindest in Ansätzen Büchners literarisches Selbstverständnis und seine Haltung zum Verhältnis von Kunst und Wirklichkeit rekonstruieren zu können, ist man auf einige wenige Passagen seines Werkes angewiesen; hierzu rechnet man:

a. Die Äußerungen Camilles in ‚Dantons Tod‘, 2. Akt, 3. Szene
b. Das sogenannte ‚Kunst-Gespräch‘ im ‚Lenz‘
c. Den Brief Büchners an die Eltern vom 28. Juli 1835 aus Straßburg.

Einen besonderen Stellenwert besitzt in diesem Zusammenhang sein Brief an die Eltern, da sich Büchner hier direkt zur Arbeit des dramatischen Dichters äußert. Freilich besitzt dieser Brief ebenso wie die beiden anderen angemerkten Stellen nur eine eingeschränkte Aussagekraft, was nun die tatsächliche Haltung Büchners zu literarisch-künstlerischen Fragen angeht; sind die Äußerungen Camilles und das ‚Kunst-Gespräch‘ nämlich in erster Linie in ihrer Funktion als Elemente eines fiktionalen Textes zu sehen, so unterliegen dem Brief an die Eltern zuallererst ‚strategische Absichten‘, nämlich die angesichts der Radikalität und zum Teil sprachlichen Derbheit des gerade erschienenen Werkes ‚Dantons Tod‘ besorgten Eltern zu beruhigen und sich selbst gegen den Vorwurf der Unsittlichkeit in Schutz zu nehmen. Deshalb ist zu fragen, ob Büchner hier den Freiraum des Künstlers gegenüber der Vorstellung des Dichters als bloße Variante des Geschichtsschreibers nicht zu sehr einschränkt, was im übrigen seinem eigenen kreativen und innovativen Schaffen widersprechen würde. Schließlich sollte ebenso bedacht sein, daß der Realist Büchner bei aller Ablehnung der ‚Idealdichter‘ die Idee einer besseren Gesellschaft im Kopf trug und bei aller Skepsis über die Möglichkeiten ihrer Verwirklichung der Idealismus einer sozialen Utopie sein Denken und Handeln bestimmte. Freilich wollte er kein Ideologe und ‚Tugendwächter‘ sein, und vor allem sollte für ein etwaiges fernes politisches Ziel der Anspruch auf Glück der jetzt Lebenden nicht geopfert werden. Dies ist der Sinn der sein ganzes Werk durchziehenden Kritik an jeder Form von Teleologie.[1]

Aufgrund der wenigen kunsttheoretischen Selbstzeugnisse Büchners wird man immer wieder auf seine Werke und ihren Zuschnitt selbst verwiesen, um daraus seine künstlerischen Perspektiven und Positionen herauszufiltern und seine in der Tat bahnbrechende Rolle im Hinblick auf die Entwicklung der modernen Literatur- und vor allem Theatergeschichte zu bestimmen. Dies weiter zu erhellen dienen auch die anschließend an die Selbstzeugnisse wiedergegebenen Materialien aus der Sekundärliteratur.

Spiegelte sich im bürgerlichen Trauerspiel des 18. Jahrhunderts das gewachsene Selbstverständnis des historisch aufstrebenden Bürgertums wider und war den Helden bei aller tragischen Verstrickung letztlich ein positiver Weltbezug eigen, so stellt Büchner mit Woyzeck erstmals konsequent einen sozial deklassierten Menschen, einen Vertreter nicht des Dritten, sondern des ‚Vierten' Standes als bloße Kreatur und passives Opfer in den Mittelpunkt eines dramatischen Werkes. Aus der Perspektive dieses Typus erscheint die Welt nicht mehr intakt, ihre gesellschaftlich-kulturellen Zusammenhänge bleiben ihm unverständlich. Für Büchner hatte nun dieser thematische Bezug einer gebrochenen Weltsicht dramentechnische und ästhetische Konsequenzen. Erscheint die Welt aus den Fugen geraten, wird ihr die klassische, geschlossene Dramenform nicht mehr gerecht; der ‚neue Inhalt' forderte eine neue Gestaltungsform. Büchners realistische Dramatik schuf nicht nur eine neue Art des sozialen Dramas, das die Thematik der Stände- und Moralkonflikte des Sturm und Drang, in deren Dramentradition Büchner eindeutig steht, auf die ökonomische und existentialistische Ebene verlagerte, sondern er vermochte es — über den aktuellen Zeitbezug hinaus — den der aufstrebenden bürgerlich-kapitalistischen Welt grundsätzlich innewohnenden Sozial- und Identitätskonflikten zu einer gültigen Aussage zu verhelfen.

Deshalb spürte die literarische Moderne auch stets eine „innere Verwandtschaft" mit Büchner. Es ist bezeichnend, daß mit dem Naturalismus und dem literarischen Expressionismus Theatergeschichte und Aufführungspraxis der Werke Büchners beginnen. „Woyzeck" etwa wurde erst im 100. Geburtsjahr [!] des Dichters am 8. 11. 1913 im Residenztheater München unter der Regie von Eugen Kilian (1862—1925) uraufgeführt.[2]

---

[1] Lehre von der Zielgerichtetheit jeder Entwicklung im Universum oder in seinen Teilbereichen
[2] Vgl. zum sprunghaften Anstieg der Büchner-Rezeption seit der Jahrhundertwende: D. Goltschnigg (Hrsg.): Materialien zur Rezeptions- u. Wirkungsgeschichte G. Büchners. Kronberg i. Ts. 1974

3.1 Selbstzeugnisse

Aus „Dantons Tod" (II, 3)

25   *EIN ZIMMER*
Danton, Camille, Lucille

CAMILLE. Ich sage Euch, wenn sie nicht Alles in hölzernen Kopien bekommen, verzettelt in Theatern, Konzerten und Kunstausstellungen, so haben sie weder Augen noch Ohren dafür. Schnitzt Einer eine Marionette, wo man den Strick hereinhängen sieht, an dem sie gezerrt wird und deren Gelenke bei jedem Schritt in fünffüßigen Jamben krachen, welch ein Charakter, welche Konsequenz! Nimmt Einer ein Gefühlchen, eine Sentenz, einen Begriff und zieht ihm Rock und Hosen an, macht ihm Hände und Füße, färbt ihm das Gesicht und läßt das Ding sich 3 Akte hindurch herumquälen, bis es sich zuletzt verheiratet oder sich totschießt — ein Ideal! Fiedelt Einer eine Oper, welche das Schweben und Senken im menschlichen Gemüte wiedergibt wie eine Tonpfeife mit Wasser die Nachtigall — ach die Kunst!

Setzt die Leute aus dem Theater auf die Gasse: ach, die erbärmliche Wirklichkeit! Sie vergessen ihren Herrgott über seinen schlechten Kopisten. Von der Schöpfung, die glühend, brausend und leuchtend, um und in ihnen, sich jeden Augenblick neu gebiert, hören und sehen sie nichts. Sie gehen in's Theater, lesen Gedichte und Romane, schneiden den Fratzen darin die Gesichter nach und sagen zu Gottes Geschöpfen: wie gewöhnlich! Die Griechen wußten, was sie sagten, wenn sie erzählten Pygmalions Statue[1] sei wohl lebendig geworden, habe aber keine Kinder bekommen.

DANTON. Und die Künstler gehn mit der Natur um wie David[2], der im September die Gemordeten, wie sie aus der Force[3] auf die Gasse geworfen wurden, kaltblütig zeichnete und sagte: ich erhasche die letzten Zuckungen des Lebens in diesen Bösewichten. *(Danton wird hinausgerufen.)*

[1] Pygmalion: In der gr. Sage schuf P., Bildhauer u. König von Kypas, die Statue einer Jungfrau, die, als er sich in sie verliebte, von Aphrodite zum Leben erweckt wurde
[2] David, Jacques-Louis (1748—1825), franz. Revolutionsmaler, radikales Mitglied im Konvent
[3] Pariser Gefängnis

„Kunstgespräch" aus „Lenz"

26 Über Tisch war Lenz wieder in guter Stimmung, man sprach von Literatur, er war auf seinem Gebiete; die idealistische Periode fing damals an, Kaufmann[1] war ein Anhänger davon, Lenz widersprach heftig. Er sagte: Die Dichter, von denen man sage, sie geben die Wirklichkeit, hätten auch keine Ahnung davon, doch seien sie immer noch erträglicher, als die, welche die Wirklichkeit verklären wollten. Er sagte: Der liebe Gott hat die Welt wohl gemacht wie sie sein soll, und wir können wohl nicht was Besseres klecksen, unser einziges Bestreben soll sein,

ihm ein wenig nachzuschaffen. Ich verlange in allem Leben, Möglichkeit des Daseins, und dann ist's gut; wir haben dann nicht zu fragen, ob es schön, ob es häßlich ist, das Gefühl, daß Was geschaffen sei, Leben habe, stehe über diesen Beiden, und sei das einzige Kriterium in Kunstsachen. Übrigens begegne es uns nur selten, in Shakespeare finden wir es und in den Volksliedern tönt es einem ganz, in Göthe manchmal entgegen. Alles Übrige kann man ins Feuer werfen. Die Leute können auch keinen Hundsstall zeichnen. Da wolle man idealistische Gestalten, aber

Alles, was ich davon gesehen, sind Holzpuppen. Dieser Idealismus ist die schmählichste Verachtung der menschlichen Natur. Man versuche es einmal und senke sich in das Leben des Geringsten und gebe es wieder, in den Zuckungen, den Andeutungen, dem ganzen feinen, kaum bemerkten Mienenspiel; er hätte dergleichen versucht im „Hofmeister" und den „Soldaten"[2]. Es sind die prosaischsten Menschen unter der Sonne; aber die Gefühlsader ist in fast allen Menschen gleich, nur ist die Hülle mehr oder weniger dicht, durch die sie brechen muß. Man muß nur Aug und Ohren dafür haben. Wie ich gestern neben am Tal hinaufging, sah ich auf einem Steine zwei Mädchen sitzen, die eine band ihre Haare auf, die andre half ihr; und das goldne Haar hing herab, und ein ernstes bleiches Gesicht, und doch so jung, und die schwarze Tracht und die andre so sorgsam bemüht. Die schönsten, innigsten Bilder der altdeutschen Schule[3] geben kaum eine Ahnung davon. Man möchte manchmal ein Medusenhaupt[4] sein, um so eine Gruppe in Stein verwandeln zu können, und den Leuten zurufen. Sie standen auf, die schöne Gruppe war zerstört; aber wie sie so hinabstiegen, zwischen den Felsen war es wieder ein anderes Bild. Die schönsten Bilder, die schwellendsten Töne, gruppieren, lösen sich auf.

Nur eins bleibt, eine unendliche Schönheit, die aus einer Form in die andre tritt, ewig aufgeblättert, verändert, man kann sie aber freilich nicht immer festhalten und in Museen stellen und auf Noten ziehen und dann Alt und Jung herbeirufen, und die Buben und Alten darüber radotieren[5] und sich entzücken lassen. Man muß die Menschheit lieben, um in das eigentümliche Wesen jedes einzudringen, es darf einem keiner zu gering, keiner zu häßlich sein, erst dann kann man sie verstehen; das unbedeutendste Gesicht macht einen tiefern Eindruck als die bloße Empfindung des Schönen, und man kann die Gestalten aus sich heraustreten lassen, ohne etwas vom Äußern hinein zu kopieren, wo einem kein Leben, keine Muskeln, kein Puls entgegen schwillt und pocht. Kaufmann warf ihm vor, daß er in der Wirklichkeit doch keine Typen für einen Apoll von Belvedere[6] oder eine Raphaelische Madonna[7] finden würde. Was liegt daran, versetzte er, ich muß gestehen, ich fühle mich dabei sehr tot, wenn ich in mir arbeite, kann ich auch wohl was dabei fühlen, aber ich tue das Beste daran. Der Dichter und Bildende ist mir der Liebste, der mir die Natur am Wirklichsten gibt, so daß ich über seinem Gebild fühle. Alles Übrige stört mich.

---

[1] Kaufmann, Ch. K. (1753−95), Schweizer Stürmer und Dränger, Arzt u. Lebensreformer, kannte den historischen Lenz schon vor dessen Aufenthalt bei Pfarrer Oberlin im elsässischen Steintal. Diesen Aufenthalt nahm Büchner zur Grundlage seiner Novelle über den Sturm- u. -Drang-Dichter Jakob Michael Reinhold Lenz. Kaufmann hatte sich neben anderen um den gemütskranken jungen Dichter gekümmert u. ihn auch bei Oberlin besucht.

[2] Angesprochen sind die zwei Dramen von Lenz „Der Hofmeister oder Vorteile der Privaterziehung" und „Soldaten". Die Stücke erschienen 1774 bzw. 1776. Der lange verkannte Lenz gilt heute als Wegbereiter des sozialen Dramas.

[3] Gemeint sind Maler des 15./16. Jahrhunderts wie Dürer, Grünewald, u. a.

[4] Medusa ist eine der drei Gorgonen (Ungeheuer der gr. Mythologie mit Schlangenhaaren u. Flügeln); ihr Blick läßt jeden, der sie sieht, zu Stein werden.

[5] frz. radoter, dummes Zeug reden; hier: ungehemmt schwatzen, faseln

[6] Apoll v. Belvedere: den gr. Gott Apollon darstellende Marmorstatue in den Vatikanischen Museen. Durch den Kunsthistoriker Johann Joachim Winckelmann (1717−1768), den Begründer der klassischen Archäologie, wurde Apoll in der 2. Hälfte des 18. Jh. zum Inbegriff der gr. Kunst und beeinflußte die Ästhetik des deutschen Idealismus.

[7] Von dem Renaissance-Maler Raffael (1483−1520) existieren rund 30 Madonnenbilder.

Georg Büchner: „Brief an die Familie"

27 Straßburg, 28. Juli 1835.
[...]Über mein Drama muß ich einige Worte sagen: erst muß ich bemerken, daß die Erlaubnis, einige Änderungen machen zu dürfen, allzusehr benutzt worden ist[1]. Fast auf jeder Seite weggelassen, zugesetzt, und fast immer auf die dem Ganzen nachteiligste Weise. Manchmal ist der Sinn ganz entstellt oder ganz und gar weg, und fast platter Unsinn steht an der Stelle. Außerdem wimmelt das Buch von den abscheulichsten Druckfehlern. Man hatte mir keinen *Korrekturbogen* zugeschickt. Der Titel ist abgeschmackt[2], und mein Name steht darauf, was ich ausdrücklich verboten hatte; er steht außerdem nicht auf dem Titel meines Manuskripts. Außerdem hat mir der Korrektor einige Gemeinheiten in den Mund gelegt, die ich in meinem Leben nicht gesagt haben würde. Gutzkows glänzende Kritiken habe ich gelesen und zu meiner Freude dabei bemerkt, daß ich keine Anlagen zur Eitelkeit habe. Was übrigens die sogenannte Unsittlichkeit meines Buchs angeht, so habe ich Folgendes zu antworten: der dramatische Dichter ist in meinen Augen nichts, als ein Geschichtsschreiber, steht aber *über* Letzterem dadurch, daß er uns die Geschichte zum zweiten Mal erschafft und uns gleich unmittelbar, statt eine trockne Erzählung zu geben, in das Leben einer Zeit hinein versetzt, uns statt Charakteristiken Charaktere, und statt Beschreibungen Gestalten gibt. Seine höchste Aufgabe ist, der Geschichte, wie sie sich wirklich begeben, so nahe als möglich zu kommen. Sein Buch darf weder *sittlicher* noch *unsittlicher* sein, als die *Geschichte selbst;* aber die Geschichte ist vom lieben Herrgott nicht zu einer Lektüre für junge Frauenzimmer geschaffen worden, und da ist es mir auch nicht übel zu nehmen, wenn mein Drama ebensowenig dazu geeignet ist. Ich kann doch aus einem Danton und den Banditen der Revolution nicht Tugendhelden machen! Wenn ich ihre Liederlichkeit schildern wollte, so mußte ich sie eben liederlich sein, wenn ich ihre Gottlosigkeit zeigen wollte, so mußte ich sie eben wie Atheisten sprechen lassen. Wenn einige unanständige Ausdrücke vorkommen, so denke man an die weltbekannte, obszöne Sprache der damaligen Zeit, wovon das, was ich meine Leute sagen lasse, nur ein schwacher Abriß ist. Man könnte mir nur noch vorwerfen, daß ich einen solchen Stoff gewählt hätte. Aber der Einwurf ist längst widerlegt. Wollte man ihn gelten lassen, so müßten die größten Meisterwerke der Poesie verworfen werden. Der Dichter ist kein Lehrer der Moral, er erfindet und schafft Gestalten, er macht vergangene Zeiten wieder aufleben, und die Leute mögen dann daraus lernen, so gut, wie aus dem Studium der Geschichte und der Beobachtung dessen, was im menschlichen Leben um sie herum vorgeht. Wenn man so wollte, dürfte man keine Geschichte studieren, weil sehr viele unmoralische Dinge darin erzählt werden, müßte mit verbundenen Augen über die Gasse gehen, weil man sonst Unanständigkeiten sehen könnte, und müßte über einen Gott Zeter schreien, der eine Welt erschaffen, worauf so viele Liederlichkeiten vorfallen. Wenn man mir übrigens noch sagen wollte, der Dichter müsse die Welt nicht zeigen wie sie ist, sondern wie sie sein solle, so antworte ich, daß ich es nicht besser machen will, als der liebe Gott, der die Welt gewiß gemacht hat, wie sie sein soll. Was noch die sogenannten Idealdichter anbetrifft, so finde ich, daß sie fast nichts als Marionetten mit himmelblauen Nasen und affektiertem Pathos, aber nicht Menschen von Fleisch und Blut gegeben haben, deren Leid und Freude mich mitempfinden macht, und deren Tun und Handeln mir Abscheu oder Bewunderung einflößt. Mit einem Wort, ich halte viel auf Goethe oder Shakespeare, aber sehr wenig auf Schiller. Daß übrigens noch

die ungünstigsten Kritiken erscheinen werden, versteht sich von selbst; denn die Regierungen müssen doch durch ihre bezahlten Schreiber beweisen lassen, daß ihre Gegner Dummköpfe oder unsittliche Menschen sind. Ich halte übrigens mein Werk keineswegs für vollkommen, und werde jede wahrhaft ästhetische Kritik mit Dank annehmen. – Habt ihr von dem gewaltigen Blitzstrahl gehört, der vor einigen Tagen das Münster getroffen hat? Nie habe ich einen solchen Feuerglanz gesehen und einen solchen Schlag gehört, ich war einige Augenblicke wie betäubt. Der Schade ist der größte seit Wächtersgedenken. Die Steine wurden mit ungeheurer Gewalt zerschmettert und weit weg geschleudert; auf hundert Schritt im Umkreis wurden die Dächer der benachbarten Häuser von den herabfallenden Steinen durchgeschlagen. – Es sind wieder drei Flüchtlinge hier eingetroffen, *Nievergelder*[3] ist darunter; es sind in Gießen neuerdings zwei Studenten verhaftet worden. Ich bin äußerst vorsichtig. Wir wissen hier von Niemand, der auf der Grenze verhaftet worden sei. Die Geschichte muß ein Märchen sein. [...]

[1] Gutzkow hatte Büchner um Änderungen gebeten. Durch B.s. Flucht konnten diese nicht mehr zusammen durchgeführt werden. So entschärfte Gutzkow selbst im Hinblick auf Verleger und Zensur den Text und beschnitt ihn an über 100 Stellen.

[2] E. Duller (1809–68), Hrsg. der Tageszeitung „Phönix" (auch bei J. D. Sauerländer verlegt, der „Dantons Tod" herausgab), hatte den wohl aus Werbegründen reißerischen u. mißverständlichen Untertitel „Dramatische Bilder aus Frankreichs Schreckenstagen" durchgesetzt.

[3] Ludwig Nievergelder, Mitglied von B.s. Darmstädter Sektion der „Gesellschaft der Menschenrechte"

3.2 Dramentheoretische Aspekte

Helmut Krapp (1958): Zusammenfassende Beschreibung der dramatischen Form Büchners und Begründung des Lyrischen

28 Indessen bleibt das Lyrische als solches eines der konstitutiven Elemente in Büchners dramatischer Form, und das Atmosphärische seines Werkes, das dazu verführen möchte, in ihm die übergreifende Einheit der heterogenen Spielszenen und Szenendetails zu erkennen, bezeugt gültig seinen Rang. Die kleinen Perioden und Phasen, aus denen sich die Dialoge Büchners summieren, sind nur die Resultate eines Primats des szenischen Augenblicks vor der sukzessiv entwickelten und kontinuierlich gesteigerten Form des großen Auftritts. Der Ausfall der Exposition zumal nimmt den Figuren jede Chance, sich zu entfalten, und verlangt von ihnen unmittelbare Präsenz, die ihrerseits kein Modus der Dauer ist, sondern in jedem Augenblick neu hervorgebracht werden muß. Damit aber fällt für den dramatischen Helden die geläufige Bestimmung seiner „futuristischen Existenz", er ist ohne Erwartung, er ist nicht eingeordnet in den kausalen Ablauf von der Exposition zur Katastrophe – so wenig einer seiner Sätze diese Katastrophe im eigentlichen Sinne antizipiert, so daß sie, nachdem alle Sätze gleichsam gesprochen sind, als die einzige tragische Notwendigkeit sich auch ereignen muß. Jeder seiner Sätze aber enthält die Katastrophe. Nicht linear und perspektivisch sind denn auch die Szenen geordnet, sondern zerstreut und bezogen; zwischen der einzelnen und dem zentralen Thema herrscht eine größere Affinität als zwischen der einzelnen und der ihr vorausgehenden und der ihr folgenden;[...] Und was oben als das Moment des Unüberlegten in der dramatischen Sprache bezeichnet wurde, das mit ihrem Ausdrucksprinzip notwendig sich einstellte und als dessen Position die spontane Qualität der Figuren, ihre Präsentation, ihr Hingerissensein gelten könnte, das ließe sich im Hinblick auf die klassische Dramatik auch als Fortfall einer regulierenden Idee bezeichnen. [...] Büchners Begriff vom Realismus ist die Bejahung von Wirklichkeit als der alleinigen, „zwecklosen" und in sich selbst schon wertigen Demonstration von „Leben" − d. i. „Möglichkeit des Daseins", also „Natur" und also „Schönheit". [...] Die Szenen treten wie die Sätze mehr einzeln hervor als daß sie sich einfügten. Sie alle erscheinen wie aus einem unübersehbaren Netz kleiner und kleinster Ereignisse ausgespart.

Das statuarische[1] Element der Szene [...] läßt sich aus solcher Formgesinnung einfach deduzieren. Denn wo Expositionen und Entwicklungen der Szene gestrichen sind, kann die Situation, in der der Held sich zeigen soll, nicht mehr entstehen; sie muß vollendet sein, sobald der Vorhang aufgeht. Die stumme Demonstration der figürlichen Gruppierung sowohl im *Danton* als auch im *Woyzeck* ist so sprechend wie der Dialog, der sie füllt, und begründet ihrerseits ein weiteres Merkmal dieses Stils: die Variation. Nicht nur hinsichtlich der Gesamtkomposition besaß das klassische Drama eine Fabel. Über seinen Text [...] hinweg hatte der Held sich in die Situation, die es galt, selber hineinzumanövrieren. Diese sicher wichtigste Funktion des Dialogs erklärt das Schema der Konflikte dort: sie entstanden und wurden gelöst durch Entscheidung. Entscheidung aber gibt es immer nur im Wort. Und die Tat ist erst die Folge, ihr Vollzug. Büchners Helden − diese These ist wohl unanfechtbar − sind passiv. Hineingebannt in die Situation, die statuarisch geschildert wird, bleibt ihnen keine Möglichkeit, sie zu vollziehen. Dies Statuarische der Gruppierung realisiert in der Form das düstere Danton-Wort von den Menschen als den Marionetten. Sie alle werden in einer schon vollendeten Situation gezeigt und nicht mit dem Anteil, den sie an ihrem Zustandekommen tragen. Als a priori[2] ist sie kraft solcher Szenenform über die Figuren verhängt, und die Chance der Freiheit, sie aufzulösen, bleibt den Figuren benommen, weil sie, gegen die Situation sich wendend, in ihr doch stehen bleiben müssen: im Kampf des Einzelnen gegen die Welt ist der Einzelne stets unterlegen.

Diese Form aber überträgt dem Dialog eine neue Funktion. Im Wort sind nicht mehr Situationen zu vollziehen, sondern, da sie statuarisch schon datiert sind, nur zu füllen. Der Text variiert die Themen. Zum Ausdruck der Figuren geworden, sich an den Situationen messen, nimmt er die Schwingungen ihrer Sensationen auf und belebt die bildlich-statuarische Gruppierung. So gewinnt für die Gestalten, wie für den Lyriker, das Momentane eine ausschließliche Mächtigkeit. Oder: im Dialog wird den Figuren ihre Situation zum Zustand, ist nicht Aufgabe und nicht Vollzug oder − gerundivisch − gar ein zu Vollziehendes. Einzig um dieser Zuständlichkeit willen kann die Sprache sich ins Expressiv verwandeln, und einzig darum kann sich der intime Augenblick zum Äquivalent, zum Kontrapunkt der nihilistischen Debatten erheben, die alle jene szenische Großform noch zeigen, die Büchner nicht mehr recht gelingen will und an denen gemessen sie all jenen Interpreten unter dem Blick verschwinden, die mit den erprobten Thesen der klassisch-vorbildlichen Dramaturgie argumentieren. In dieser neuen Funktion jedoch verrät der Dialog zutiefst seinen lyrischen Grund. Er ist die Sprache der Einsamen.

---

[1] statuarisch = standbildhaft
[2] a priori = von vornherein, unabhängig von Erfahrung

29 *Geschlossene und offene Dramenform (nach Klotz)*[1]

Geschlossene Form des Dramas	Offene Form des Dramas
1. Handlung Einheit der Handlung: Einsträngigkeit; Seitenstränge dienen Haupthandlung Geschlossenheit der Handlung: Handlung in sich abgeschlossen und vollständig; keine wesentlichen Sprünge und Lücken	Vielfalt der Handlung: Mehrsträngigkeit; relativ autonome Nebenhandlungen Offenheit der Handlung: Handlung schlaglichtartig, bruchstückhaft und fortsetzbar; sprunghaft, mit vielen Aussparungen
2. Zeit Einheit der Zeit: geringe Zeiterstreckung Zeitverlauf wichtiger als Zeiteindruck: szenische Gegenwart überlagert von Vorwärts- und Rückwärtsbezügen	Vielfalt der Zeit: weite, z. T. unbestimmte Zeiterstreckung. Intensiv erlebter dramatischer Augenblick wichtiger als Sukzession: sprachlich, gestisch, akustisch und optisch dichte Situationen
3. Raum Einheit des Ortes: kein dramatisch wirksamer Ortswechsel Raum typisiert, nur Rahmen, kein Handlungsfaktor	Vielfalt des Ortes: Fülle verschiedengearteter, eigentümlicher Lebens- und Handlungsräume Raum charakteristisch, Mitspieler, bezeichnet Menschentyp, Stand, Milieu, Atmosphäre, Sprache
4. Personen Einheit des Standes: Personal sozial einheitlich, mit gemeinsamem geistigem Bezugssystem Ständeklausel: Tragödie: höfische, Komödie: bürgerliche Sphäre Klare personelle Gegnerschaften Mündige, verantwortliche, reflektiert handelnde Persönlichkeiten Antriebsmomente im wesentlichen das Geistige und das geläutert Seelische	Vielfalt des Standes: Aufeinandertreffen verschiedener sozialer Schichten und Weltbilder Keine Standesvorbehalte: jeder Stand tragikwürdig und komikanfällig Person im Kampf mit allgemeinen Welt-, Klassen-, Milieuverhältnissen Auch unreife, unfreie, unfertige, dumpf getriebene Menschen Ebenbürtige Antriebsmomente das Kreatürliche, Körperliche, Triebhafte, das Unbewußte und das Soziale
5. Sprache Einheit der Sprache: Vers; Dichtungssprache, hoher Stil Fast ausschließliches Ausdrucksmedium: Sprache Satzbau unterordnend; Satzfolge beständig, schlüssig, grammatisch stimmig; Sprache kunstvoll, zielgerichtet, logisch folgernd, dialogisch	Vielfalt der Sprache: Sprechweisen nach Stand, Charakter, Situation verschieden; Prosa; auch Alltagssprache; Stilmischung Neben der manchmal versagenden oder aussetzenden Sprache: Mimik, Gestik, Gebärde — der Körper spricht mit (Zunahme der Regieanweisungen) Satzbau nebenordnend; Satzfolge auch sprunghaft, stockend, brüchig, kreisend; Sprache auch unbeholfen, zerfahren, assoziativ, monologisch
6. Aufbau Geschlossene, straffe, eng verkettete, geordnete Komposition	Offene, lockere Komposition; reigen-, stationen-, mosaik- oder kaleidoskopartiger Charakter
7. Allgemeine Stilzüge Ausschnitt als Ganzes: Geschlossenheit, Begrenztheit, innere Verweisung Vorrang der Idee vor dem Stoff: geistige Totalität Geschlossenes Weltbild der Hierarchie, Ordnung, Gesetzlichkeit	Das Ganze in Ausschnitten: Offenheit, Unbegrenztheit, Verweisung über sich hinaus Vorrang des Stoffes vor der Idee: empirische Totalität Offenes, disparates, brüchiges Weltbild

---

[1] Die tabellarische Zusammenstellung basiert auf dem Standardwerk von Volker Klotz: Geschlossene und offene Form im Drama. München: Hanser[11] 1985

Dokumente der Rezeption:

4 Der Georg-Büchner-Preis und „Woyzeck" in den Reden der Büchner-Preisträger

Genau vier Jahre nach der Verkündung der „Weimarer Verfassung", am 11. August 1923, wurde, in der Landeshauptstadt Darmstadt, der vom damaligen „Volksstaat" Hessen gestiftete Georg-Büchner-Preis zum ersten Mal verliehen. Der Abgeordnete und Schulrektor Julius Reiber (1883–1960) erläuterte in der Landtagssitzung vom 8. August 1922 seinen Antrag auf Bereitstellung jährlicher Mittel in Höhe von hunderttausend Mark zur Schaffung eines hessischen Staatspreises: „[…] In früheren Zeiten haben Fürsten und wohl auch andere Mäzene die Kunst unterstützt. Das ist vorbei, und die Künstler darben in grenzenloser Not. Wieviele sind nicht gezwungen, im Kampf um das Brot ihr Bestes zu verleugnen, ihre Gaben verkümmern zu lassen. Sagen Sie mir nicht, auch Kleist ist verhungert und immer haben gerade die Größten gedarbt. Das war zu einer Zeit, als der Staat sich keiner Verpflichtung gegen den Künstler bewußt war. Das ist im Volksstaat anders, sollte es wenigstens sein. Ich appelliere mit meinem Antrag an die Vertretung des Volksstaates, die Sache der Künstler als Sache des Volkes zu kennen. Ich zerstöre mit meinem Antrag den Glauben, als hätten nur die Fürsten die Bedeutung der Kunst und des Künstlers zu würdigen gewußt. Ich will dokumentiert wissen, daß der Volksstaat den Künstlern verpflichtet ist, daß der Volksstaat anerkennt, daß die Kunst und die Künstler eine Angelegenheit der Allgemeinheit sind. Deshalb habe ich die Schaffung eines hessischen Staatspreises beantragt. […] Die Preise sollen alljährlich verteilt werden. Am hessischen Verfassungstag, an dem Tag, an dem wir die Verfassung hier beschlossen und verabschiedet haben. Dadurch soll noch deutlicher zum Ausdruck kommen eine Verbindung der Kunst mit dem republikanischen Volksstaat. […]"[1] Der Antrag wurde nach kurzer Debatte vom Hessischen Landtag angenommen. Hinter dem Entschluß, die Preisverleihung nicht an den Jahrestagen der Verfassung des Volksstaates Hessen (12. 12. 1919), sondern am Jahrestag der Verkündung der Verfassung des Deutschen Reichs vorzunehmen, ist die symbolische Unterstützung der Republik zu sehen, deren Einheit während des Ruhrkampfes und der Besetzung des Rheinlandes durch französische Truppen sehr gefährdet war. Hessen blieb zu etwa vierzig Prozent seines Gebietes (linksrheinisch) besetzt; das Bekenntnis der hessischen Koalitionsregierung aus sozialdemokratischer Partei und Zentrum (kathol. Mitte) zum Reich sollte durch die Verleihung des Staatspreises am 11. August unterstrichen werden.

Die Verbindung des Preises mit dem Namen Georg Büchners bedürfe keinerlei Begründung, hatte Reiber in seinem Antrag formuliert. Erstaunlich, wenn man bedenkt, daß die erste „Woyzeck"-Aufführung in Hessen just 1919 erfolgt war und die Insel-Werkausgabe von 1922 sich gerade anschickte, neue Impulse für die Büchner-Rezeption zu geben. Aber die Benennung des Staatspreises nach Büchner erfolgte wirklich ohne Diskussion.

Die Preisträger der Jahre 1923—1932 sind nicht alle Schriftsteller, sondern, den Vorstellungen Reibers entsprechend, Künstler aus unterschiedlichen Tätigkeitsbereichen: Maler, Komponisten, Bildhauer, Kalligraphen (Schriftkünstler) bzw. Drucker oder Sänger. Nachfolgende Übersicht enthält nur zwei heute noch bekannte Namen; dennoch hat die damals auswählende Instanz, das Hess. Landesamt für das Bildungswesen (Kultusministerium), das sich bei den Künstlerverbänden Rat holte, durchaus mutige und — selbst bei den Heimatschriftstellern — sehr wohl verantwortbare Entscheidungen getroffen.

Aufgeführt sind nur die Schriftsteller unter den Preisträgern:

1923   Adam Karillon
1924   Alfred Bock
1925   Wilhelm Michel
1927   Kasimir Edschmid
1929   Carl Zuckmayer
1930   Nikolaus Schwarzkopf
1932   Albert H. Rausch

Der Georg-Büchner-Preis wurde während der nationalsozialistischen Gewaltherrschaft nicht verliehen.

Als Bürgermeister von Darmstadt betrieb Julius Reiber 1945 die Neubegründung des Preises, nunmehr gestiftet vom Regierungspräsidenten in Darmstadt und dem Magistrat der Stadt Darmstadt.

Preisträger waren:

1945   Hans Schibelhuth
1946   Fritz Usinger
1947   Anna Seghers
1948
        keine Schriftsteller
1949
1950   Elisabeth Langgässer (postum)

Die im Goethe-Jahr 1949 begründete „Deutsche Akademie für Sprache und Dichtung", die nach den Worten ihres Mitgründers, des ehemaligen preußischen Ministers für Wissenschaft, Kunst und Volksbildung und nunmehrigen Rundfunk-Generaldirektors Adolf Grimme (1889—1963), ähnlich ihrer Schwester, der Académie Française, der „Ort der geistigen Repräsentation der

Deutschen" werden sollte, übernahm die noch junge Tradition des Büchner-Preises. Nachfolgend seien alle Preisträger ab 1951 aufgezählt; die Liste liest sich über weite Passagen wie eine Zusammenstellung der bedeutendsten deutschen Autoren:

1951	Gottfried Benn	1978	Hermann Lenz
1953	Ernst Kreuder	1979	Ernst Meister
1954	Martin Kessel	1980	Christa Wolf
1955	Marie Luise Kaschnitz	1981	Martin Walser
1956	Karl Krolow	1982	Peter Weiss
1957	Erich Kästner	1983	Wolfdietrich Schnurre
1958	Max Frisch	1984	Ernst Jandl
1959	Günter Eich	1985	Heiner Müller
1960	Paul Celan	1986	Friedrich Dürrenmatt
1961	Hans Erich Nossack	1987	Erich Fried
1962	Wolfgang Koeppen	1988	Albert Drach
1963	Hans Magnus Enzensberger	1989	Botho Strauß
1964	Ingeborg Bachmann	1990	Tankred Dorst
1965	Günter Grass	1991	Wolf Biermann
1966	Wolfgang Hildesheimer	1992	George Tabori
1967	Heinrich Böll	1993	Peter Rühmkorf
1968	Golo Mann	1994	Adolf Muschg
1969	Helmut Heißenbüttel	1995	Durs Grünbein
1970	Thomas Bernhard	1996	Sarah Kirsch
1971	Uwe Johnson	1997	H. C. Artmann
1972	Elias Canetti	1998	Elfriede Jelinek
1973	Peter Handke	1999	Arnold Stadler
1974	Hermann Kesten	2000	Volker Braun
1975	Manès Sperber	2001	Friederike Mayröcker
1976	Heinz Piontek	2002	Wolfgang Hilbig
1977	Reiner Kunze		

Diese literarische „Nobilitierung" aus überzeugt demokratischer Gesinnung rechtfertigt wohl den sich anschließenden Abdruck einiger Ausschnitte aus Reden der Büchner-Preisträger. Ausgewählt wurden nur Texte solcher Schriftsteller, die sich mit dem „Woyzeck" auseinandersetzen, die Erläuterungen zu seiner Entstehung, Überlieferung, Edition oder den Möglichkeiten seiner Interpretation geben und insgesamt somit dem Leser ein eindrucksvolles Bild aspektreicher „Woyzeck"-Rezeption im 20. Jahrhundert darbieten. Die ältere Diskussion über Büchner vor dem Hintergrund der Zeit des Nationalsozialismus und des Exils (Viëtor, Lukács, Mayer) wurde hier nicht zuletzt wegen ihres Abdrucks in zahlreichen Unterrichtswerken sowie in der grundlegenden

Dokumentation von Goltschnigg ausgespart. Von der Dynamik anhaltenden philologischen Fachinteresses ebenso wie deutlich ideologiekritischer Akzente zeugt die am Schluß des Kapitels in Auszügen wiedergegebene Dankesrede von Walter Jens anläßlich der Entgegennahme des 1988 von einem Darmstädter Mäzen gestifteten „Alternativen Büchner-Preises" im Februar 1988.

[1] Zit. nach: Dt. Akademie für Sprache und Dichtung (Hrsg.): Der Georg-Büchner-Preis 1951-1987. Eine Dokumentation. München: Piper 1987

Max Frisch (15. 5. 1911— 4. 4. 1991), Büchner-Preisträger 1958
Aus der Dankrede anläßlich der Verleihung des Preises
am 8. 11. 1958 in Darmstadt

30 [...] Bezüge zu Georg Büchner, zu Hessens großem Sohn, sind für einen Zürcher auf der Straße zu finden; auf der Anhöhe über meiner Vaterstadt, beim sogenannten Rigiblick, befindet sich sein zweites Grab, das ich als Bub, meinen Fußball unterm Arm, mit ungeduldiger Andacht zu besichtigen angehalten wurde, und unten in der Zürcher Altstadt, wenn wir nach Wirtschaftsschluß, von der freundlichen Polizei auf die Straße gestellt, die mitternächtlichen Hausfassaden betrachten, findet sich die Inschrift (früher eine Tafel, jetzt leider eine Inschrift im Mörtel):
Hier wohnte im Winter 1836/37 und starb dreiundzwanzigjährig der Dichter und Naturforscher Georg Büchner.
In derselben Häuserreihe, am Nachbarhaus links, findet sich übrigens eine andere Tafel, weithin lesbar:
Hier wohnte vom 21. Februar 1916 bis 2. April 1917 Lenin, der Führer der Russischen Revolution.
Emigranten! Revolutionäre! — mit Unterschieden freilich: der eine hinterläßt „Woyzeck", der andere hinterläßt die Sowjetunion. Es gibt wenige Emigranten, denen sich die Hoffnung aller Emigranten erfüllt: Das Land, das sie haben fliehen müssen, nicht bloß wiederzusehen, sondern umzustürzen durch ihre Heimkehr. Einer dieser wenigen ist Lenin. Büchner stirbt im Exil,

wie die Inschrift meldet: als Dichter und Naturforscher. Er ist nicht zufällig Naturforscher, nicht beiläufig; er erforscht die Natur (nicht die Moral) der Fische und Amphibien, ebenso die Natur der Menschen, wenn diese beispielhalber mit Erbsen gefüttert werden, und es ist ihm eine entsetzliche Ahnung, jedoch nicht verwunderlich, daß eine Revolution, die zwar Köpfe liefert und einige Freiheiten, aber kein Brot für die hungernde Masse, scheitern muß. Er ist Realist, wie das Junge Deutschland wohl keinen mehr hat, nicht ein Stürmer und Dränger, dessen Leidenschaftlichkeit sich einmal auch ins Politische verrennt, sondern ein politisches Genie selbst, und Herwegh[1] hat recht, wenn er den Verlust nicht allein eines Dichters, sondern eines politischen Führers beklagt: „Doch hätt er uns ein Leitstern sollen sein in dieser halben, irr gewordenen Zeit." Denn was den Dichter betrifft, diesen Dichter, so ist das Politische nicht Illustration, sondern seine Leidenserfahrung selbst; er ist ein politischer Mensch. Er ist es in der Agitation, in der Kapitulation, in der Vision des „Woyzeck"-Fragmentes, indem für ihn zu einer Zeit, da Deutschland noch auf die bürgerliche Revolution hinzögert, bereits die nächste Revolution wetterleuchtet, die proletarische, deren Führer später im Nebenhaus wohnt: genau achtzig Jahre später, Spiegel-

gasse 12 und Spiegelgasse 14, getrennt durch eine sogenannte Brandmauer... Zwar nicht von Büchner, aber von Becker, seinem Freund, notiert der deutsche Untersuchungsrichter schon 1839:
„So mußte es kommen, daß er in der Schweiz, wo auch die Zügellosigkeit freien Spielraum findet, einem Kommunismus verfiel, welcher leider nur allzutief sein Wesen schon ergriffen hatte –."
Wie wenig wandeln sich die Untersuchungsrichter! Zwar kommt 1848.
Aber dann wieder lesen wir:
„Heute fand bei etwas betrüblichem Wetter die Büchnerfeier statt. Der schwarz-rot-
goldenen Fahne der deutschen Studierenden folgten vom Polytechnikum[2] aus ca. 150 Teilnehmer, vorwiegend Studierende aller Nationen; stark vertreten war auch die Professorenwelt, weniger die Deutschen Zürichs, denen die Sympathie für einen Republikaner vom Schlag Büchners infolge der politischen Änderungen in Deutschland etwas ferner liegen mag."
Das war 1875.
Die Liste deutscher Emigranten, die in der Schweiz auf ein anderes Deutschland hofften, ist imposant, selbst wenn wir uns, in diesem Zusammenhang, nur auf Schriftsteller beschränken ... [...]

---

[1] Georg Herwegh (31. 5. 1817–7. 4. 1875), dt. Schriftsteller; einer der literarischen Wegbereiter der Revolution von 1848; lebte mehrfach im Exil in der Schweiz und in Frankreich; schrieb ein sehr verbreitetes Lobgedicht auf Büchner
[2] Technische Hochschule

Elias Canetti (25. 7. 1905–14. 8. 1994), Büchner-Preisträger 1972
Aus der Dankrede anläßlich der Verleihung des Preises
am 7. 10. 1972 in Darmstadt

31 [...] Die eigentliche Substanz eines Dichters, das, was unverwechselbar an ihm erscheint, bildet sich, meine ich, in einigen wenigen Nächten, die sich durch Intensität und Leuchtkraft vor allen übrigen auszeichnen. Es sind jene seltenen Nächte, in denen er bedrängt, aber doch ganz bei sich ist, so sehr, daß er imstande ist, sich in seiner Vollständigkeit zu verlieren. Das dunkle Weltall, aus dem er besteht, für das er Raum fühlt, ohne noch fassen zu können, was es enthält, durchdringt sich plötzlich mit einer anderen, einer artikulierten Welt, und der Zusammenstoß ist so heftig, daß alle Materie, die zerstreut und sich selbst überlassen in ihm treibt, an ein und demselben Zeitpunkt aufleuchtet. Es ist der Augenblick, in dem seine inneren Sterne über entsetzliche Leeren hinweg einander bemerken. Nun, da sie wissen, daß sie da sind, ist alles möglich. Nun kann die Sprache ihrer Signale beginnen.
Eine solche Nacht habe ich im August 1931 erlebt, als ich zum erstenmal den „Woyzeck" las. Das ganze vorangegangene Jahr hatte ich in der „Blendung"[1] gelebt. Es war ein eingezogenes Leben, eine Art von Fron, es gab nichts außerhalb, was immer sonst in diesem Jahr geschah, wurde fortgestoßen. Aber nun hatte sich Kien[2] mit seinen Büchern verbrannt, auf eine undurchsichtige Weise fühlte ich meine eigenen Bücher in dieses Schicksal einbezogen; war es Schuld, daß ich Kien erlaubt hatte, Hand an Bücher zu legen: war es Gerechtigkeit, daß ich meine eigenen Bücher nun für seine opfern mußte: was immer es war, sie versagten sich mir, und ich fand mich leergebrannt und blind in meiner selbstgeschaffenen Wüste. Damals also, in einer Nacht, schlug ich den Büchner auf, und er öffnete sich mir im

„Woyzeck", in der Szene Woyzecks mit dem Doktor. Ich war wie vom Donner gerührt, und es kommt mir jämmerlich vor, etwas so Schwaches darüber zu sagen. Ich las alle Szenen des sogenannten Fragments, die sich in jenem Band befanden, und da ich nicht wahrhaben konnte, daß es so etwas gab, da ich es einfach nicht glaubte, las ich sie alle vier-, fünfmal durch. Ich wüßte nicht, was mich in meinem Leben, das an Eindrücken nicht arm war, je so getroffen hätte. Als es Tag wurde, ertrug ich es nicht mehr, damit allein zu bleiben. Ich fuhr frühmorgens nach Wien hinein, zu ihr, die mehr als meine Frau war, die es auch wurde und die ich heute, da sie nicht mehr am Leben ist, hier anwesend wissen möchte. Sie war viel belesener als ich, *sie* hatte Büchner mit 20 gelesen. Nun beschimpfte ich sie, daß sie nie, kein einziges Mal den „Woyzeck" vor mir genannt hatte, und es gab doch kaum etwas, worüber wir nicht zueinander gesprochen hätten. „Sei doch froh, daß Du es nie gekannt hast", sagte sie, „wie hättest du sonst selber etwas schreiben können! Aber da es jetzt passiert ist, könntest Du endlich auch den ‚Lenz' lesen!"

Das tat ich dann bei ihr, am selben Vormittag, und über diesem „Lenz" schrumpfte mir die „Blendung", auf die ich doch auch stolz war, fürchterlich ein und ich begriff, wie gut sie an mir gehandelt hatte.

Das ist meine einzige Legitimation dafür, daß ich heute zu Ihnen über Büchner zu sprechen wage.

[…]

In der Züricher Zeit, die nicht länger als vier Monate dauerte, gelingt es ihm [Büchner], sich zu behaupten und zu bewähren. Er wird auf der Stelle Dozent, bedeutende Männer finden sich unter seinen Hörern. Ein langer Brief an ihn zeugt von der Vergebung des Vaters. Die Schweiz gefällt ihm: „Überall freundliche Dörfer mit schönen Häusern!" Er lobt das „gesunde, kräftige Volk" und die „einfache, gute, rein republikanische Regierung".

Unmittelbar danach, im selben Brief, dem letzten an die Familie, der erhalten ist, vom 20. November 1836, zückt wie ein Blitz die Nachricht auf, die ihm die furchtbarste war: „Minnigerode ist tot, wie man mir mitteilt, das heißt, er ist drei Jahre lang totgequält worden. Drei Jahre!" So nahe beisammen die Rettung in das Züricher Paradies und tödliche Qual des Freundes zu Hause.

Ich glaube, es ist die Nachricht, die die endgültige Niederschrift des „Woyzeck" in ihm ausgelöst hat. Wie in keinem seiner Werke ist es eine Hinwendung zu den Menschen zuhause. Daß die Nachricht irrig war, mag er nie mehr erfahren haben. Ihre Wirkung hat sie in ihm auf jeden Fall getan. Es sind zwei Jahre und vier Monate her seit Minnigerodes Verhaftung; daß sie sich ihm, der eigentlich immer auch in Darmstadt geblieben war, zu drei Jahren verlängern, ist nicht erstaunlich. Und doch erinnert diese emphatische Drei an die Gefangenschaft eines Anderen, die des historischen Woyzeck nämlich. Über drei Jahre waren vergangen zwischen der Ermordung seiner Geliebten und seiner öffentlichen Hinrichtung. Der Fall war Büchner natürlich bekannt, aus den Gutachten des Hofrats Clarus über den Mörder Woyzeck.

Außer der Nachricht vom Tode seines gefangenen Freundes, außer der akuten Erinnerung an die gedrückten wie die auftrumpfenden Menschen zuhause ist in die Konzeption des „Woyzeck" etwas eingeflossen, woran man nicht ohne weiteres denken würde, die Philosophie.

Zur Vollständigkeit Büchners gehört es, daß er sich zähneknirschend der Philosophie gestellt hat. [...]

Er befaßt sich mit der Philosophie, ohne ihr zu verfallen und opfert ihr kein Gran der Wirklichkeit. Ernst nimmt er sie, wo sie im Geringsten operiert, in Woyzeck, und verhöhnt sie in denen, die sich über Woyzeck erhaben fühlen.

Woyzeck, Soldat, wie der Aff des Marktschreiers „unterste Stuf von menschliche Geschlecht", von Stimmen wie von Befehlen gehetzt, ein Gefangener, der frei herumläuft, zum Gefangenen vorbestimmt, auf Gefangenenkost gesetzt, immer dasselbe, Erbsen, vom Doktor zum Tier degradiert, der ihm zu sagen wagt: „Woyzeck, der Mensch ist frei, in dem Menschen verklärt sich die Individualität zur Freiheit", und damit nicht mehr meint, als daß Woyzeck fähig sein müßte, sich den Harn zu verhalten – Freiheit zur Ergebenheit in jede Art von Mißbrauch seiner menschlichen Natur, Freiheit zur Versklavtheit um dreier Groschen willen, die er für seine Fütterung mit Erbsen bekommt. Und wenn man staunend aus dem Mund des Doktors vernimmt: „Woyzeck, Er philosophiert wieder" – wie die Huldigung des Budenbesitzers an das dressierte Pferd –, so reduziert sich diese Huldigung schon im nächsten Satz zu einer „Aberratio"[3] und im wieder nächsten, wissenschaftlich präzisiert, zu einer „Aberratio mentalis partialis", mit Zulage. Der Hauptmann aber, der gute, gute Mensch, der sich gut vorkommt, weil es ihm zu gut geht, der sich vorm geschwinden Rasieren wie vor allem Geschwinden um der ungeheuren Zeit, um der Ewigkeit willen fürchtet, hält Woyzeck vor: „Du denkst zu viel, das zehrt, du siehst immer so verhetzt aus."

Auf eine andere, verborgenere Weise hat Büchners Befassung mit den Einzellehren der Philosophen auf die Gestaltung des „Woyzeck" miteingewirkt. Ich denke an die frontale Präsentation wichtiger Figuren, etwas, was man als ihre *Selbstanprangerung* bezeichnen könnte.

Die Sicherheit, mit der sie alles ausschließen, was nicht sie selber ist, das aggressive Bestehen auf sich, bis in die Wahl ihrer Worte, der unbekümmerte Verzicht auf die eigentliche Welt, in der sie aber kräftig und gehässig um sich schlagen – das alles hat etwas von der beleidigenden Selbstbehauptung der Philosophen. Schon in ihren ersten Sätzen stellen sich diese Figuren ganz dar. Der Hauptmann so gut wie der Doktor und erst recht der Tambourmajor erscheinen als Ausrufer ihrer eigenen Person. Höhnisch oder prahlerisch oder neidisch ziehen sie ihre Grenzen und ziehen sie gegen ein und dasselbe verachtete Geschöpf, das sie unter sich sehen und das dazu da ist, ihnen als ein Unteres zu dienen.

Woyzeck ist das Opfer aller drei. Der angelernten Philosophie des Doktors, des Hauptmanns, hat er wahrhaftige Gedanken entgegenzusetzen. *Seine* Philosophie ist konkret, an Angst und Schmerz und Anschauung gebunden. Er fürchtet sich, wenn er denkt, und die Stimmen, von denen er gehetzt ist, sind wirklicher als die Rührung des Hauptmanns über seinen Rock, der dahängt, und die unsterblichen Erbsen-Experimente des Doktors. Im Gegensatz zu ihnen wird er nicht frontal präsentiert, von Anfang zu Ende besteht er aus lebendigen, oft unerwarteten Reaktionen. Da er immer ausgesetzt ist, ist er immer wach, und die Worte, die er in seiner Wachheit findet, sind noch Worte im Stande der Unschuld. Sie sind nicht zerrieben und mißbraucht, sie sind nicht Münze, Waffe, Vorrat, es sind Worte, als wären sie eben entstanden. Selbst wenn er sie unbegriffen übernommen hat, gehen sie in ihm ihre eigenen Wege: die Freimaurer höhlen ihm die Erde aus: „Hohl, hörst du? Alles hohl da unten! Die Freimaurer!"

In wieviel Menschen ist die Welt im „Woyzeck" aufgespalten! In „Dantons Tod" haben die Figuren noch vielzuviel gemein, von einer hinreißenden Beredsamkeit sind sie alle, und es ist keineswegs Danton allein, der Geist hat. Man mag das damit zu erklären versuchen, daß es eine beredte Zeit ist, und die Wortführer der Revolution, unter denen das Stück spielt, sind schließlich alle durch den Gebrauch von Worten zu Ansehen gekommen. Aber dann erinnert man sich an die Geschichte der Marion[4] – auch sie ein Plädoyer, wie es perfekter in ihrer Sache nicht zu denken wäre, und findet sich nicht ohne Widerstreben damit ab: „Dantons Tod" ist ein Stück aus der Schule der Rhetorik, allerdings der unermeßlichsten dieser Schulen, der Shakespeares.

Von den Stücken anderer Schüler unterscheidet es sich durch Dringlichkeit und Rapidität, und durch eine besondere Substanz, wie es sie in der deutschen Literatur kein zweites Mal gibt, die aus Feuer und Eis zu gleichen Teilen gemischt ist. Es ist ein Feuer, das einen zum Laufen zwingt, und ein Eis, in dem alles durchsichtig scheint, und man läuft, um Schritt mit dem Feuer zu halten, und verharrt, um ins Eis zu schauen.

Keine zwei Jahre später ist Büchner mit dem „Woyzeck" der vollkommenste Umsturz in der Literatur gelungen: die Entdeckung des *Geringen*. Diese Entdeckung setzt Erbarmen voraus, aber nur wenn dieses Erbarmen verborgen bleibt, wenn es stumm ist, wenn es sich nicht ausspricht, ist das Geringe *intakt*. Der Dichter, der sich mit seinen Gefühlen spreizt, der das Geringe mit seinem Erbarmen öffentlich aufbläst, verunreinigt und zerstört es. Von Stimmen und von den Worten der Anderen ist Woyzeck gehetzt, doch vom Dichter ist er unberührt geblieben. In dieser Keuschheit fürs Geringe ist bis zum heutigen Tage niemand mit Büchner zu vergleichen.

In den letzten Tagen seines Lebens wird Büchner von Fieberphantasien geschüttelt, über deren Art und Inhalt nur wenig und nur Angenähertes bekannt ist. Dieses Wenige findet sich in den Aufzeichnungen der Caroline Schulz[5], in ihren Worten. Es heißt da:

„14ten (Februar) … Gegen 8 Uhr kam das Delirieren wieder, und sonderbar war es, daß er oft über seine Phantasien sprach, sie selbst beurteilte, wenn man sie ihm ausgeredet hatte. Eine Phantasie, die oft wiederkehrte, war die, daß er wähnte, ausgeliefert zu werden …

15ten … Er sprach, wenn er bei sich war, etwas schwer, sobald er aber delirierte, sprach er ganz geläufig. Er erzählte mir eine lange zusammenhängende Geschichte: wie man ihn gestern schon vor die Stadt gebracht habe, wie er zuvor eine Rede auf dem Markte gehalten u.s.w.

16ten … Der Kranke wollte mehrere Male fort, weil er wähnte, in Gefangenschaft zu geraten, oder schon darin zu sein glaubte und sich ihr entziehen wollte."

Ich glaube, wenn man diese Phantasien in ihrem wahren Wortlaut hätte, wäre man Woyzeck sehr nahe, selbst in diesem durch Trauer und Liebe gemilderten, verringerten Bericht, in dem das Schrecken der Gehetztheit fehlt, ist etwas von Woyzeck zu spüren. Büchner hatte Woyzeck noch in sich, als er am 19. starb.

Es ist nicht müßig, über ein späteres Leben Büchners zu grübeln, weil es einen daran hindert, in seinem Tod einen Sinn zu suchen. Er war so sinnlos wie jeder Tod, aber der seine macht diese Sinnlosigkeit besonders sichtbar. Er war nicht vollendet, trotz dem Gewicht und der Reife jeder Dichtung, die er hinterließ. Zu seiner Natur gehört es, daß sie nie, auch später nicht, je vollendet gewesen wäre. Er steht da als das reine Beispiel des unvollendbaren Menschen. Die Vielfalt seiner Anlagen, die alternierend füreinander einspringen, bezeugen eine Natur, die in ihrer Unerschöpflichkeit ein endloses Leben fordert.

[1] Dreiteiliger Roman, zuerst 1935 in Wien publiziert; Hauptwerk des Nobelpreisträgers (1981) Canetti
[2] Der Sinologe Dr. Peter Kien ist Handlungsträger des Romans „Die Blendung".
[3] Vgl. Anm. 45 zu Szene 8 des „Woyzeck", S. 20
[4] Vgl. „Dantons Tod" I, 5

[5] Caroline Schulz (um 1801–1847) und ihr Mann, Büchners Dozentenkollege Wilhelm Schulz (1797–1860), den sie aus hessischer Festungshaft befreit hatte, waren Freunde und Wohnungsnachbarn Büchners in dessen Züricher Domizil in der Steingasse (Spiegelgasse 12). Caroline weilte während der letzten Tage seiner Typhuserkrankung an Büchners Bett; ihr Bericht ist vermutlich auf Ende Februar 1837 zu datieren.

Heiner Müller (9. 1. 1929–30. 12. 1995), Büchner-Preisträger 1985
Dankrede anläßlich der Verleihung des Preises
am 18. 10. 1985 in Darmstadt

32   Die Wunde
Woyzeck

1

Immer noch rasiert Woyzeck seinen Hauptmann, ißt die verordneten Erbsen, quält mit der Dumpfheit seiner Liebe seine Marie, staatgeworden seine Bevölkerung, umstellt von Gespenstern: Der Jäger Runge ist sein blutiger Bruder, proletarisches Werkzeug der Mörder von Rosa Luxemburg; sein Gefängnis heißt Stalingrad, wo die Ermordete ihm in der Maske der Kriemhilde entgegen tritt; ihr Denkmal steht auf dem Mamaihügel, ihr deutsches Monument, die Mauer, in Berlin, der Panzerzug der Revolution, zu Politik geronnen. DEN MUND AN DIE SCHULTER DES SCHUTZMANNES GEDRÜCKT, DER LEICHTFÜSSIG IHN DAVONFÜHRT, hat Kafka ihn von der Bühne verschwinden sehn, nach dem Brudermord MIT MÜHE DIE LETZTE ÜBELKEIT VERBEISSEND: Oder als den Patienten, dem der Arzt ins Bett gelegt wird, mit der Wunde offen wie ein Bergwerk, aus der die Würmer züngeln. Goyas Riese war seine erste Erscheinung, der auf den Bergen sitzend die Stunden der Herrschaft zählt, Vater der Guerilla. Auf einem Wandbild in einer Klosterzelle in Parma habe ich seine abgebrochenen Füße gesehn, riesig in einer arkadischen Landschaft. Irgendwo schwingt vielleicht auf den Händen sein Körper sich weiter, von Lachen geschüttelt vielleicht, in eine unbekannte Zukunft, die vielleicht seine Kreuzung mit der Maschine ist, gegen die Schwerkraft getrieben im Rausch der Raketen. Noch geht er in Afrika seinen Kreuzweg in die Geschichte, die Zeit arbeitet nicht mehr für ihn, auch sein Hunger ist vielleicht kein revolutionäres Element mehr, seit er mit Bomben gestillt werden kann, während die Tambourmajore der Welt den Planeten verwüsten, Schlachtfeld des Tourismus, Piste für den Ernstfall, kein Blick für das Feuer, das der Armierungssoldat Franz Johann Christoph Woyzeck beim Steckenschneiden für den Spießrutenlauf um den Himmel bei Darmstadt fahren sah. Ulrike Meinhof, Tochter Preußens und spätgeborene Braut eines andern Findlings der deutschen Literatur, der sich am Wannsee begraben hat, Protagonistin im letzten Drama der bürgerlichen Welt, der bewaffneten WIEDERKEHR DES JUNGEN GENOSSEN AUS DER KALKGRUBE, ist seine Schwester mit dem blutigen Halsband der Marie.

2

Ein vielmal vom Theater geschundener Text, der einem Dreiundzwanzigjährigen passiert ist, dem die Parzen bei der Geburt die Augenlider weggeschnitten haben, vom Fieber zersprengt bis in die Orthografie, eine Struktur wie sie beim Bleigießen entstehen mag, wenn die Hand mit dem

Löffel vor dem Blick in die Zukunft zittert, blockiert als schlafloser Engel den Eingang zum Paradies, in dem die Unschuld des Stückeschreibens zu Hause war. Wie harmlos der Pillenknick der neueren Dramatik, Becketts WARTEN AUF GODOT, vor diesem schnellen Gewitter, das mit der Geschwindigkeit einer anderen Zeit kommt, Lenz im Gepäck, den erloschenen Blitz aus Livland, Zeit Georg Heyms im utopielosen Raum unter dem Eis der Havel, Konrad Bayers im ausgeweideten Schädel des Vitus Bering, Rolf Dieter Brinkmanns im Rechtsverkehr vor SHAKESPEARES PUB, wie schamlos die Lüge vom POSTHISTOIRE vor der barbarischen Wirklichkeit unserer Vorgeschichte.

3

DIE WUNDE HEINE beginnt zu vernarben, schief; WOYZECK ist die offene Wunde. Woyzeck lebt, wo der Hund begraben liegt, der Hund heißt Woyzeck. Auf seine Auferstehung warten wir mit Furcht und/oder Hoffnung, daß der Hund als Wolf wiederkehrt. Der Wolf kommt aus dem Süden. Wenn die Sonne im Zenith steht, ist er eins mit unserm Schatten, beginnt, in der Stunde der Weißglut, Geschichte. Nicht eh Geschichte passiert ist, lohnt der gemeinsame Untergang im Frost der Entropie, oder, politisch verkürzt, im Atomblitz, der das Ende der Utopien und der Beginn einer Wirklichkeit jenseits des Menschen sein wird.

Heiner Müller widmete diese Dankrede zur Verleihung des Georg-Büchner-Preises dem südafrikanischen Freiheitskämpfer und politischen Häftling Nelson Mandela und gedachte vor ihrer Verlesung der Hinrichtung des farbigen Dichters Benjamin Moloise im Zentralgefängnis von Pretoria am Morgen des 18. 10. 1985.

Die Herausgeber verzichten hier mit Absicht auf erläuternde Anmerkungen und verweisen für diesen Text auf die Arbeitsvorschläge im Kapitel „Projektanregungen", S. 118 ff.

Walter Jens (8. 3. 1923 —), Träger des Alternativen Büchner-Preises 1988. Aus der Dankrede anläßlich der Verleihung des Preises im Februar 1989

33 *Das Wort Erbarmen* Wenn je ein junger Mann sein Handwerk mit der Souveränität eines alten Meisters beherrschte, dann ist es Büchner gewesen — Büchner, Inbegriff eines *intelligenten* Schriftstellers, der die Kunst des Zitierens, Collagierens, Montierens von Quellen, weltweit vor der literarischen Moderne, auf ein Thomas-Mann-Niveau hob: immer darauf bedacht, historische Berichte (wie im „Danton"), Kranken-Anamnesen (wie im „Lenz"), Statistiken (wie im „Hessischen Landboten"), Gerichts-Reportagen und Aussagen von

Gutachtern (wie im „Woyzeck") in eine Poesie umzuschmelzen, die das Einfache der „elementarischen Natur" in gleicher Weise wie das apokalyptische, auf das große Kreuz und die winzigkleine Erlösung abzielende Pathos benannte. Eingefangen in eine Sprache, die den Rhetor ebenso verrät wie den experimentierenden Naturwissenschaftler und geprägt ist von der Visionskraft eines Thomas Müntzer[1], aber auch von der politischen Hellsicht des Revolutionärs, der, geschult in der Gesellschaft der Menschenfreunde, seine Exerzitien einem einzigen Ziel unterordnete: mitzuhelfen, die Fremdbestimmung der überwältigenden Mehrheit zu beenden und Fronsklaven eine Schwelle überschreiten zu lassen, hinter der erst das Menschsein beginnt — ein Menschsein, dessen Würde *ex negativo* aus der Sicht des armen Woyzeck erscheint, der Perspektive eines Abgerichteten, der zum Beuteobjekt von Militär und Medizin, Jurisprudenz und Theologie geworden ist.

Mit politischer Nüchternheit und in einer Sprache, die mit den behandelten Sujets ihre Tonhöhe wechselt, hat Büchner — in einem Akt freiwilliger Selbstbeschränkung seiner rhetorischen Mittel — zumal im „Woyzeck" mit nüchterner Hellsicht beschrieben, wie Wissenschaft, deren Bestimmung es für ihn, gut brechtisch, war, die Mühsal der menschlichen Existenz zu erleichtern", als Element der Herrschaft in ihr Gegenteil verkehrt wird. Wo Gerechtigkeit für jedermann angezeigt sei, regiere die unheilige Allianz von Thron und Altar, und wo jesuanische Tröstung, Kompassion[2] des geschundenen „Herrn", der kein Herr gewesen sei, den Armen dienlich sein müsse, mache die Amts- und Macht-Kirche der Oberhofprediger, als Komplizin der du Thils[3] und Co., ihr biblisches Vorbild zur Fratze — ein Vorbild, das allein noch in den Klagen der Geschundenen widerhalle: „Herrgott! Herrgott!" (ein Schrei der in der Bibel blätternden Marie) „Sieh mich nicht an ... Herrgott! Herrgott! Ich kann nicht. Herrgott, gib mir nur so viel, daß ich beten kann."

Da wird — sprachlich durch eine höchst bewußt eingesetzte Anti-Rhetorik befördert — Pathos zu epigrammatischer[4] Formel, vorgetragen von einem Mann, der sich auf Beobachtungen und Analyse ebenso wie auf die Umsetzung von Experimenten und Autopsie[5] in eine Poesie verstand, die, an der Grenze von Dichtung und Wissenschaft angesiedelt, am Ende beide transzendierte.

So betrachtet ist es kein Wunder, daß

Büchners eigentliche Sympathie nicht den revolutionären Tätern vom Schlage Dantons oder Robespierres, sondern den Opfern gilt: den kleinen Leuten, die nach Käse stinken (statt nach Champagner zu duften), den Sprachlosen und den Gemarterten, den Ausgegrenzten und den Preisgegebenen — den Millionen von Woyzecks, für die der Autor des „Woyzeck" Berufung einlegte, indem er für ihre aus Armut und Verzweiflung geborenen Taten nicht moralische Minderwertigkeit, sondern soziale Entwürdigung verantwortlich machte.

Umkehr der Geschichte, heißt Büchners Devise, Widerruf des Schuldspruchs an die Adresse der Armen und, statt dessen, Verurteilung derer, die im Namen des von ihnen gesetzten Rechts und der zu ihrem Nutzen eingesetzten Ordnung Massen-Mord praktizierten: Mord durch Hunger, Mord durch Indoktrination von Moral-Gesetzen, die den armen Mann überfordern, Mord durch Seelen-Vernichtung.

Wenn von Büchner etwas zu lernen ist in scheinbar aufgeklärter Zeit, da die Gesellschaft noch immer in Unternehmer und Unternommene zerteilt ist, in wenige Herrschende und Millionen von Abhängigen, die allmorgendlich am Fabriktor, wenn die Fließbandarbeit beginnt, ihre bürgerlichen Freiheitsrechte abgeben müssen und als Wirtschafts-Objekte vordemokratische Zeitläufte rekapitulieren ... wenn von Büchner etwas zu lernen ist in einer Epoche, in der die großen Täter von gestern luxuriöse Apanagen[6] beziehen, während ihre Opfer, die KZ-Insassen, gezwungen sind, demütig um eine Kur nachzusuchen, die — vielleicht — ihre Spätschäden lindert ... einer Epoche, die, in Sachen Demokratie, solange rückständig bleibt, als der gesellschaftliche Zentralbereich, die Wirtschaft, nicht demokratisiert ist: einer Epoche, die, mit Hermann Heller zu sprechen, entweder, den Vor-Verheißungen der Großen Bürgerlichen Revolution entsprechend, den liberalen Rechtsstaat in den Sozialstaat verwandelt oder aber, um der Erhaltung wirtschaftlich privilegierter Gruppen willen, am Ende auf Rechtsstaat *und* Demokratie verzichtet … wenn von Büchner etwas zu lernen ist, im Angesicht einer Wirtschafts-Oligarchie, die immer unverfrorener auf ihre Priorität vor aller Politik pocht, dann eine Lektion: Ihr, Schriftsteller, habt zu bedenken, daß es eure vornehmste Aufgabe ist, nicht auf seiten der Hofprediger, der mit Menschen experimentierenden Mediziner und der Kronanwälte der Klassenjustiz, sondern auf seiten derer Posten zu beziehen, die in der Zeit des Nationalsozialismus Juden versteckten, Mithäftlinge trösteten, Preisgegebene aufrichteten und dafür heute von Konzernen, die für ihr Elend, direkt oder indirekt, verantwortlich sind, im günstigsten Fall eine „Abfindung" erhalten, wie sie schäbiger nicht auszudenken ist.

Dichtung als Gericht: geschrieben mit kaltem Pathos gegenüber den Regierenden und im Bund mit jenen, deren Befreiungs-Tag für Büchner ein Menschheits-Tag gewesen wäre — ein Menschheits-Tag, dem er als Poet, Pathograph[7] und Sozial-Rebell vorarbeitete, indem er — auch hierin seiner Zeit voraus und der unsrigen nah — eine genuin christliche, aber auch dem undogmatischen Sozialismus gemäße, wenngleich von roten Kardinälen allzulang verketzerte Tugend ins Zentrum seiner Überlegungen rückte: die Barmherzigkeit.[…]

---

1 Thomas Mün(t)zer (1489—1525): Theologe und Revolutionär zur Zeit der Bauernkriege
2 Mitleid
3 Carl Wilhelm Heinrich Freiherr du Bos du Thil (1777—1859): Finanzminister im Ghzm. Hessen zur Zeit Büchners
4 kurz, treffend, pointiert, geistreich
5 Leichenöffnung; Zergliederung (auch im übertragenen Sinne)
6 regelmäßige finanzielle Zuwendungen
7 Darsteller von Krankheitseinflüssen auf Entwicklung und Leistungen eines Menschen

5. Arbeitsanregungen und Projektvorschläge

Büchners ‚Woyzeck' hat Anspruch auf eine problemorientierte, historisch-kritische Analyse — nur so gelangen Vielschichtigkeit, Aktualität und kulturgeschichtliche Bedeutung des Werkes in das Zentrum der Betrachtung; zugleich aber lädt das Stück wie kaum ein anderes zum produktiven und spielerischen Umgang ein. Darüber hinaus bietet die im ‚Woyzeck' angelegte und in der Wirkungsgeschichte hervortretende Multidimensionalität ein kaum erschöpfbares, motivierendes Angebot, zahlreiche für den Deutschunterricht in der Sek. II ausgewiesene, inhaltliche wie methodische Lernanforderungen zu berücksichtigen. Diesen drei Perspektiven sind die folgenden Vorschläge verpflichtet; sie wollen dabei nur als Orientierung verstanden werden.

A. Produktions- u. handlungsorientierte Arbeits- bzw. Projektvorschläge

— Erinnern Sie sich des Aufbaus von Balladen und Moritaten, und versuchen Sie, in Einzel- oder Partnerarbeit die ‚Woyzeck'-Geschichte in ein derartiges Erzählgedicht umzusetzen. Überlegen Sie — angesichts des ‚offenen' Endes des Dramas — eine Schlußszene Ihrer Wahl.

— Die Balladen- bzw. Bänkelsangfassung des ‚Woyzeck' kann auch als Anstoß dazu benutzt werden, einen eigenen Vorschlag für eine Inszenierung des Stückes in Form des epischen Theaters zu entwickeln. Erarbeiten Sie in Zusammenarbeit mit der Lerngruppe eine dramaturgische Konzeption: Überlegen Sie eigene Regieanweisungen, Szenenumstellungen und Bildfolgen; entwickeln Sie eigene Vorstellungen von Bühnenbildern, beschreiben Sie sie oder gestalten Sie sie zeichnerisch oder in Form von Collagen. Nehmen Sie eventuell die Schaubudenszene zum Ausgangspunkt und den Ausrufer als Leierkastenmann bzw. Bänkelsänger, der die einzelnen Szenen kommentiert und die Geschichte des ‚Woyzeck' erzählt.

— Verfassen Sie anschließend ein adressatenbezogenes Programmheft für eine mögliche Aufführung. Beachten Sie dabei die Aktualität und Attraktivität des Stückes für die Gegenwart, und begründen bzw. erläutern Sie die formalen und ästhetischen Schwerpunkte ihrer Inszenierung.

— Ein Beispiel für den kreativen Umgang mit Büchners Drama, das M. Langhoff für das Bochumer Schauspielhaus verfaßt hat, möchten wir hier zum Abdruck bringen:

Matthias Langhoff:
Plan zu einem Hunde-Theater

34 Woyzeck und Marie setzen sich unter die Zuschauer im Saal – vielleicht nur Woyzeck, während Marie ihn und den Saal mit Bier versorgt. – Auf der Bühne spielt ein HUNDE-THEATER „Die Geschichte vom Friedrich Johann Franz Woyzeck und seiner Marie". Woyzeck lacht, klatscht, ist begeistert.

Das HUNDE-THEATER war noch vor 30 Jahren eine beliebte Attraktion, die auf keinem Jahrmarkt fehlte. Die Bühne sieht aus wie jede alte Bühne, mit Vorhang, Soffitten[1] und Kulissenwänden – nur verkleinert auf die Proportionen von Hunden. Die Hunde tragen Kostüme wie Menschen und gehen aufrecht. Sie spielen eine Pantomime, meist mit musikalischer Untermalung. Die Dressur baut auf einer einfachen Mechanik auf: Die Hunde folgen in ihren Gängen und Aktionen einem Wurstzipfel, der vom Dresseur über der Bühne herum geführt wird. Die Hand mit der Wurst ist aus den ersten Reihen zu sehen.

DIE GESCHICHTE VOM FRIEDRICH JOHANN FRANZ WOYZECK UND SEINER MARIE

Der Ort ein Marktplatz oder eine Straße. Kulissenhäuser mit Türen und Fenstern. In der Mitte eine Bude mit großem Schaufenster, darin Marie wie eine Hure im Bordellviertel. Woyzeck ist gekleidet als Soldat mit Gewehr, Marie in Unterwäsche.

1.

Woyzeck exerziert auf dem Platz, der Hauptmann liegt in einem Fenster auf einem Kissen und sieht ihm zu. Woyzeck marschiert, robbt, steht stramm, rennt, usw. Junge Frauen mit Sonnenschirmen und ausladenden Hüften gehen vorbei. Der Hauptmann winkt ihnen zu.
LANGSAM, WOYZECK, LANGSAM; EINS NACH DEM ANDERN; ER MACHT MIR GANZ SCHWINDLIG.

2.

Woyzeck erschöpft, der Doktor kommt mit Erbsen, die er auf der Bühne verstreut; Woyzeck frißt gierig.
DAS IST BRAV WOYZECK, ER BEKOMMT EINEN GROSCHEN ZULAGE. WOYZECK, ICH WERDE UNSTERBLICH.

3.

Marie in ihrer Bude. Die Freier stehen Schlange. Der Tambourmajor beobachtet Marie. Die Freier gehen einzeln aufrecht zu Marie in die Bude; vor dem Schaufenster fällt ein Vorhang. – Der Vorhang öffnet sich wieder; Marie sitzt wie vorher; der Freier verläßt die Bude auf allen Vieren. Das ganze zehnmal.

WAS'N WEIBSBILD!

Woyzeck kommt; bringt Marie Geld.

KOMM HEREIN! –
KANN NIT: MUSS ZUM VERLES.

4.

Der Tambourmajor marschiert vor Maries Fenster auf und ab.

WAS EIN MANN, WIE EIN BAUM.

Marie folgt dem Tambourmajor.

5.

Marie und der Tambourmajor vögeln auf der Straße.

ICH BIN EIN MANN! EIN MANN SAG' ICH.

Woyzeck kommt, will sie trennen. Der Tambourmajor beißt ihn weg.

DER HAT SEI FETT!

6.

Woyzeck marschiert auf dem Platz. Der Hauptmann und der Doktor beobachten ihn aus zwei Fenstern.

– WOYZECK, ER SIEHT IMMER SO VERHETZT AUS. EIN GUTER MENSCH TUT DAS NICHT. –

– ICH HAB'S GESEHN WOYZECK; ER HAT AUF DIE STRASSE GEPISST, AN DIE WAND GEPISST WIE EIN HUND. WOYZECK DAS IST SCHLECHT. –
– WIE ISTS WOYZECK, HAT ER NOCH NICHT EIN HAAR AUS EINEM BART IN SEINER SCHÜSSEL GEFUNDEN? –
– VOM BART EINES SAPEUR? EINES UNTEROFFIZIER …–
– ODER AUF EIN PAAR LIPPEN, EIN PAAR LIPPEN, WOYZECK. –
– EINES – EINES TAMBOURMAJORS? –
– DER KERL IST JA KREIDEWEISS. –
– GESICHTSMUSKELN STARR GESPANNT, ZUWEILEN HÜPFEND, HALTUNG AUFRECHT, GESPANNT. ER IST EIN INTERESSANTER CASUS. SUBJECT WOYZECK, HALT ER SICH BRAV. –
– ER IST EIN GUTER MENSCH, EIN GUTER MENSCH, ABER DU DENKST ZUVIEL. DAS ZEHRT. –
– JA DIE ERBSEN!

Nacht. Woyzeck jagt Marie über die Bühne; fängt sie und beißt sie tot.

NIMM DAS UND DAS! SO! SO! BIST DU TODT? TODT! TODT!

Woyzeck tanzt um Maries Leiche.

TANZT ALLE, IMMER ZU, SCHWITZT UND STINKT, ER HOLT EUCH DOCH EINMAL. ALLE.

[1] vom Schnürboden herabhängendes Deckendekorationsstück, das eine Bühne nach oben abschließt

Weitere Hinweise zum kreativen, handlungs- und produktionsorientierten Umgang mit Büchners ‚Woyzeck' finden sich in folgendem Band:
R. Haas/H. Willenberg (Hrsg.): Theater lesen, sehen, spielen. Ein Unterrichtsmodell am Bsp. von G. Büchners ‚Woyzeck'. Stuttgart: Metzler 1988
– PREISRÄTSEL

Nehmen Sie Heiner Müllers Büchner ‚Preisrede' (M 32) als Grundlage für ein ‚Literarisches Rätsel': Aufgabe: Lösen Sie die Assoziationsketten und die motivischen Anspielungen mit Hilfe der Schul- und/oder Stadtbibliothek in Einzel- oder Gruppenarbeit!

Oder empfehlen Sie der Redaktion ihrer Schülerzeitung die Aufnahme des Rätsels!

(Im Hinblick auf die Richtlinien kann dieses Projekt zugleich als Einführung in das wissenschaftspropädeutische Arbeiten gelten und der Umgang mit germanistischen Hilfsmitteln geübt werden.)

– Eine interessante Variante für eine Unterrichtsreihe zu G. Büchners ‚Woyzeck' stellt Reinhard Lindenhahn vor:
Der Fall Woyzeck. Eine Gerichtsverhandlung als inszenierter Leseprozeß in Klasse 11, in: DU 2/81, Jg. 33, S. 81–90.

Im Rahmen dieser Unterrichtsreihe schlüpfen die Schüler in die Rolle von Zeugen, Angeklagten, Gutachtern, Berichterstattern, Richtern etc., bereiten Verhörprotokolle, Gutachten und Zeugenaussagen schriftlich vor. Auf diese Weise werden die das Stück ‚Woyzeck' erst konstituierenden *verschiedenen*

Perspektiven herausgehoben und verständlich, Woyzeck angemessen als jemand charakterisiert, der selbst nicht handelt, sondern ‚gehandelt' und jeweils durch seine Umgebung determiniert wird. Die Schuldfrage kann problematisiert werden; die Konturen Woyzecks werden bei diesem sozialen Psychogramm deutlich. Ausgangspunkt für die Gerichtsverhandlung als Unterrichtsform kann zudem die Behandlung und Kommentierung eines aktuellen Kriminalfalles sein, der ähnliche Strukturen (Eifersuchtsdrama) aufweist und der Tagespresse oder einer ausführlicheren Schilderung in einer Illustrierten oder Wochenzeitung entnommen werden kann.

B. „Woyzeck" im Kontext der Geschichte des sozialen Dramas — Thematisch-strukturelle Vergleichsmöglichkeiten und literaturgeschichtlicher Längsschnitt

Folgende Werke bieten sich aufgrund gattungstypologischer, motivgeschichtlicher, problemorientierter oder anderer Gemeinsamkeiten in besonderer Weise dazu an, im Programm eines Kursthemas mit Büchners ‚Woyzeck' verglichen zu werden. Die angegebenen Werke liegen in der Regel in preiswerten Taschenbuchausgaben vor.

J.M.R. Lenz	Der Hofmeister
Ders.	Die Soldaten
Hebbel	Maria Magdalena
Hauptmann	Vor Sonnenaufgang
Ders.	Die Ratten

Bei Hauptmann empfiehlt sich zusätzlich ein Vergleich zu seinen Erzählungen ‚Der Apostel' und ‚Bahnwärter Thiel', die durchsetzt sind „von Bildern und Konfliktsituationen aus Büchners ‚Lenz' und ‚Woyzeck'" (Goltschnigg, a.a.O., S. 17).

Frank Wedekind	Frühlings Erwachen
Ernst Toller	Hinkemann
Ders.	Masse Mensch
Ödön v. Horváth	Kasimir und Caroline
Ders.	Sladek
Georg Kaiser	Der Soldat Tanaka

Ödön v. Horváths ‚Sladek' (Horváth selbst vermerkte, daß ‚Sladek' Büchners ‚Woyzeck' nachempfunden ist) stellt „gleichsam die ideologische Woyzeck-Variante (dar), er wird weniger materiell als ideologisch ausgebeutet" (Goltschnigg, a.a.O., S. 31). Wählt man den Vergleich mit G. Kaiser, böte sich zusätzlich dessen Erzählung ‚Leutnant Welzeck' an; hierbei handelt es sich um eine Art

„nationalpolitische Aktualisierung des Woyzeck. Thema ist nicht die soziale Unterdrückung des Individuums, vielmehr symbolisiert der tschechische Name ‚Woyzeck' oder ‚Welzeck' die Knechtung dieses Landes durch Deutschlands aggressiven Militarismus" (vgl. ebd., S. 32).

Wolfgang Borchert	Draußen vor der Tür
Martin Sperr	Jagdszenen in Niederbayern
Franz Xaver Kroetz	Sterntaler (oder ein beliebiges anderes Drama).

C. Vollendungsversuche des „Woyzeck"-Dramas

Die unklare, offene Entwurfsstufensituation des „Woyzeck" (vgl. Kap. 1.2) ist immer wieder eine lohnende Herausforderung an die Kreativität von Dramatikern und Regisseuren gewesen und lädt nach wie vor dazu ein, die Frage der szenischen Anordnung und vor allem des Schlusses neu zu entscheiden. Besonders zwei Dramatiker, der Österreicher Franz Theodor Czokor (1885–1969) und der Schweizer Schriftsteller Friedrich Dürrenmatt, haben durch originelle Bearbeitungen und Inszenierungen des „Woyzeck"-Stoffes Aufsehen erregt und ihren ‚Vorläufer' Büchner in jeweils eigenen Dramen rezipiert. Vergleichen Sie anhand der angegebenen Materialien das Original mit diesen ‚Vollendungsversuchen'!
- Paul Wimmer: Der Dramatiker Franz Theodor Czokor. Innsbruck: Wagner 1981
- Franz Theodor Czokor: Büchners ‚Woyzeck', Versuch einer Vollendung. In: Forum. Österr. Monatsblätter für kulturelle Freiheit 10 (1963), S. 90–95
- Friedrich Dürrenmatt: Goethes Urfaust. Büchners Woyzeck. Bearbeitungen. Zürich: Verlag der Arche 1980
- Ders.: Achterloo. Zürich: Diogenes 1983

D. Theater- und Filmfassungen — Analyse

Eine reizvolle Ergänzung des textbezogenen Unterrichts stellt sicherlich die Beschäftigung mit einer oder mehreren der verschiedenen ‚Woyzeck'-Theateraufzeichnungen und Fernsehspiele (-filme) dar. Stehen mindestens zwei Aufzeichnungen zur Verfügung, bietet sich ein kontrastiver Vergleich der unterschiedlichen Inszenierungen an. Welche Regieauffassung steht hinter der Umsetzung? Welche Szenen erhalten ein besonderes Gewicht? Gibt es Szenenveränderungen gegenüber der Ihnen bekannten Textfassung? Welches Bühnenbild und welche Kostüme sind gewählt worden? Bei Filmen: Welche Landschaft, Örtlichkeiten, Kostüme, Ausstattung, Kameraführung, Perspektive etc.?

Entsprechen die Schauspieler Ihrer Erwartungshaltung? Werden sie dem Charakter der Textfiguren gerecht, wie interpretieren sie sie? Zeigt die Theaterinszenierung oder der Film eine eher textnahe oder mehr eine frei gestaltete Umsetzung? –

Nutzen Sie für die Vorbereitung das schon weiter oben empfohlene Buch von Haas/Willenberg: Theater lesen, sehen, spielen!

Liste der verfügbaren Filme:

– Woyzeck. Buch und Regie: Werner Herzog. BRD 1978 (Farbe, 82 Min.) atlas film + av, Duisburg
  (Woyzeck: Klaus Kinski, Marie: Eva Matthes, Hauptmann: Wolfgang Reichmann, Doktor: Willy Semmelrogge)

Szenenfoto aus dem Film ‚Woyzeck', Regie: Werner Herzog.
Mit freundl. Genehmigung von atlas film + av, Duisburg.

- Wozzeck. Regie: Georg C. Klaren. DEFA 1947 (94 Min.; schwarz-weiß) (Darst.: Kurt Meisel, Max Eckard u.a.)
- Woyzeck. Fernsehbearbeitung und Regie: Rudolf Noelte (schwarz-weiß). ZDF 1966, Wiederholungen: 1970, 1988 (Woyzeck: Hans-Christian Blech, Marie: Maria Emo, Hauptmann: Hermann Schomberg, Doktor: Bernhard Minetti)
- Wodzeck. Oliver Herbrich. BRD 1983/84 (80 Min.) (Mit Detlef Kujow, Ariane Erdelt u. a. − Woyzeck im heutigen Ruhrgebiet!)
- Über Georg Büchner in Straßburg: Ein Asylant auf dem Weihnachtsmarkt. Buch und Regie: Norbert Beilharz (Farbe). Südfunk Stuttgart 1987
- „Friede den Hütten! Krieg den Palästen!" Szenische Demonstration zum „Hess. Landboten" von Jürgen Scheschkewitz (schwarz-weiß). Regie: Gerhard Klingenberg. (Unter Verwendung des Romans „Georg Büchner − Eine dt. Revolution" von Kasimir Edschmid) Hess. Rundfunk o. J. (Büchner: K. M. Brandauer, Weidig: S. Wischnewski)

E. Fachübergreifendes Projekt − Alban Bergs Oper ‚Wozzeck'

Aufgrund technisch-organisatorischer, sozusagen schulimmanenter, Schwierigkeiten (Kurskoordination, curriculare Unterschiede, etc.) wird es wohl leider nur in seltenen Fällen möglich sein, daß ein Deutsch- und Musikkurs sich − zumindest für eine bestimmte Unterrichtsphase − zusammentun, um Büchners ‚Woyzeck' mit Bergs Opernfassung zu vergleichen. Gleichwohl wäre dies ein besonders lohnendes Projekt, und zwar sowohl im Hinblick auf die musikgeschichtliche Bedeutung Bergs u. seiner ‚Wozzeck'-Oper als auch aufgrund der besonderen Interpretation, die Berg dem Stoff gegeben hat. Eine informative Einführung in Bergs ‚Wozzeck' − gerade auch im Hinblick auf die „Symbiose von Literarischem und Musikalischem" − bietet folgender Text: ‚Die Oper ‚Wozzeck'. Alban Berg und der Büchner-Text'. Kap. VII in: Bo Ullman, Die sozialkritische Thematik im Werk Georg Büchners und ihre Entfaltung im ‚Woyzeck' − Mit einigen Bemerkungen zu der Oper Alban Bergs. Stockholm 1972 (Acta Universitatis Stockholmiensis/Stockholmer Germanistische Forschungen 10)

Aufgrund der zahlreichen aktuellen Neuinszenierungen der Oper (z. B. Brüssel 1989) liegt inzwischen auch ein CD-Mitschnitt vor: Alban Berg: ‚Wozzeck'. Pierre Boulez et l'orchestre et le choeur de l'opéra Paris. CBS masterworks records.

Manfred Gurlitt (expressionist. Komponist, 1890−1971): ‚Wozzeck' (1925; CD bei Delta Music, Capriccio 60052-1)

Literaturhinweise

Da im Quellennachweis und in den Anmerkungen eine Fülle wichtiger Arbeiten genannt werden, beschränken die Hrsg. die nachfolgende Auswahl auf wenige weiterführende Hinweise:

- Gesamtausgabe:
  G. Büchner. Sämtliche Werke, Briefe u. Dokumente. 2 Bde. Hrsg. H. Poschmann. Frankfurt a.M. 1999

- Biographie:
  Hauschild, Jan-Christoph: G. B. Stuttgart 1993

- Zur Textgestalt bieten gute Vergleichsmöglichkeiten:
  Woyzeck. Faksimileausgabe der Handschriften. Bearb. von Gerhard Schmid. Faksimile, Transkription. Mit Kommentar und Lesarten-Verzeichnis. Wiesbaden und Leipzig 1981 (Manu scripta, Bd. 1)
  Schmid, Gerhard: Zur Faksimileausgabe von Büchners ‚Woyzeck'. Eine nachträgliche Problemerörterung. In: Impulse, Aufsätze, Quellen, Berichte zur deutschen Klassik und Romantik, Folge 8, Berlin-Weimar 1985, S. 280−295
  G. B.: Gesammelte Werke. Erstdrucke und Erstausgaben in Faksimiles. Hg. von Thomas Michael Mayer. Frankfurt/Main 1987

- Wichtige Forschungsberichte bzw. Sammelwerke sind:
  Georg Büchner I/II u. III. Sonderbände text + kritik. Hg. von Heinz Ludwig Arnold. München 1979 (²1982) u. 1981
  Hinderer, Walter: Büchner-Komm. zum dichterischen Werk. München 1977
  Knapp, Forschungsbericht. In: Knapp, Gerhard P.: Georg Büchner. Eine kritische Einführung in die Forschung. Frankfurt/Main 1975
  Martens, Georg Büchner. In: Martens, Wolfgang (Hg.): Georg Büchner. Darmstadt 1969 (Wege der Forschung 53)
  Georg Büchner Jahrbuch. In Verbindung mit der Georg Büchner Gesellschaft und der Forschungsstelle Georg Büchner − Literatur und Geschichte des Vormärz − im Institut für Neuere deutsche Literatur der Philipps-Universität Marburg hg. von Thomas Michael Mayer, Band 1 ff. Frankfurt/Main 1981 ff.
  Erläuterungen u. Dok. Woyzeck. Hrsg. Burghard Dedner. Stuttgart 1999

- Zu Einzelaspekten:
  Grab, Walter: Georg Büchner und die Revolution von 1848. Der Büchner-Essay von Wilhelm Schulz aus dem Jahr 1851. Text und Kommentar. Königstein/Ts. 1985 (Büchner-Studien, Bd. 1)

Grimm, Reinhold: Cœur und carreau. Über die Liebe bei Georg Büchner. In: Georg Büchner I/II, S. 299 ff.

Große, Wilhelm: Georg Büchner: Woyzeck. Der Hessische Landbote. München: Oldenbourg 1988

Hauschild, Jan-Christoph: Georg Büchner. Studien und neue Quellen zu Leben, Werk und Wirkung. Mit zwei unbekannten Büchner-Briefen. Königstein/Ts. 1985 (Büchner-Studien, Bd. 2)

Krapp, Helmut: Der Dialog bei Georg Büchner. München 1985 (Literatur als Kunst)

Meier, Albert: Georg Büchners Ästhetik. München 1983 (Literatur der Gesellschaft N.F. 5)

Poschmann, Henri: Georg Büchner. Dichtung der Revolution und Revolution der Dichtung. Berlin-Weimar 1983, ²1985

• Zu Woyzeck:

Glück, Alfons: „Der ökonomische Tod": Armut und Arbeit in Georg Büchners ‚Woyzeck'. In: Georg Büchner Jahrbuch 4 (1984), S. 167−226

Ders.: Militär und Justiz in Georg Büchners ‚Woyzeck'. In: Georg Büchner Jahrbuch 4 (1984), S. 227−247

Ders.: Der Woyzeck − Tragödie eines Paupers. In: Katalog 1987, a.a.O., S. 325−332

Ders.: „Herrschende Ideen": Die Rolle der Ideologie, Indoktrination und Desorientierung in Georg Büchners ‚Woyzeck'. In: Georg Büchner Jahrbuch 5 (1985), S. 52−138

Kinne, Norbert: Georg Büchner: Woyzeck. Stuttgart: Klett² 1989

Langhoff, Matthias: Zu Büchners ‚Woyzeck' − Sehnsucht nach einem Theater des Asozialen. In: Theater heute 22 (1981), H. 1, S. 24−39

Mayer, Hans: Georg Büchners ‚Woyzeck'. Vollständiger Text und Paralipomena. Frankfurt/Main 1962 (Dichtung und Wirklichkeit 11)

Mayer, Thomas Michael: Ein unbekanntes Dokument zur Hinrichtung Johann Christian Woyzecks. In: Georg Büchner Jahrbuch 5 (1985), S. 347 f.

Meier, Albert: Georg Büchner: Woyzeck. Text und Geschichte. Modellanalysen zur dt. Literatur 1, München 1980 (UTB)

Wetzel, Heinz: Die Entwicklung Woyzecks in Büchners Entwürfen. In: Euphorion 74 (1980), S. 375−396

von Wiese, Benno: Der „arme" Woyzeck. Ein Beitrag zur Umwertung des Heldenideals im 19. Jahrhundert. In: Manfred Durzak/Eberhard Reichmann/Ulrich Weisstein (Hrsg.): Texte und Kontexte. Festschrift für Norbert Fuerst zum 65. Geburtstag. München 1973

- Zur Maschinen-/Marionettenmetapher:
  MaschinenMenschen: Vom Homunculus zur künstlichen Intelligenz. Ausstellungskatalog der Ausstellung v. 17. 6.–23. 7. 89 des Neuen Berliner Kunstvereins in der Staatlichen Kunsthalle, hrsg. von Lucie Schauer, Berlin 1989

- Zu den Menschenversuchen:
  Lifton, Robert Jay: Ärzte im Dritten Reich. Stuttgart: Klett-Cotta 1988
  Bleker, Johanna/Jachertz, Norbert (Hrsg.): Medizin im Dritten Reich. Köln: Dt. Ärzte-Verlag 1989

- Zur Rezeption und zur Wirkung:
  Goltschnigg, Dietmar: Rezeptions- und Wirkungsgeschichte Georg Büchners. Kronberg/Ts. 1975 (Monographien Literaturwissenschaft 22). (Der ergänzende Materialienband desselben Autors wird an anderer Stelle genannt.)
  Dichter über Büchner. Hrsg. von Werner Schlick. Frankfurt/M. 1973

- Zum kreativen Umgang mit dem Text:
  Scheller, Ingo: Szenische Interpretation: Georg Büchner: Woyzeck. Vorschläge, Materialien und Dokumente zum erfahrungsbezogenen Umgang mit Literatur und Alltagsgeschichte(n). Universität Oldenburg, Zentrum für päd. Berufspraxis 1987 (^{3}1997)
  Hauschild, Jan-Christoph (Hrsg.): Oder Büchner. Eine Anthologie. Darmstadt: Verlag der Georg Büchner Buchhandlung 1988 (= Die Barbe, Folge I)
  Kunz, Marcel: Szen. Verfahren i. Lit.unterricht der Sekundarstufe 2. In Kap. 5 zu Woyzeck u. Leonce u. Lena. Seelze-Velber 1997
  Woyzeck. Die Kroetz'sche Fassung. Rotbuch Verlag. Hamburg 1996

- Zur Woyzeck-Verfilmung:
  Lehmann, Dagmar: Woyzeck. Materialien zu einem Film von Werner Herzog. Duisburg 1988 (atlas-forum)
  Setbon, Philippe: Klaus Kinski. Seine Filme – sein Leben. München ^{2}1983
  Wetzel, Kraft: Werner Herzog. Hanser Reihe Film 22, München 1979

Quellennachweis

1 Gekürzt nach: G. Büchner. Werke und Briefe (Münchner Ausgabe), Carl Hanser Verlag, München 1988, S. 586 f.

2 Dr. Johann Christian August Clarus: Die Zurechnungsfähigkeit des Mörders Johann Christian Woyzeck, nach Grundsätzen der Staatsarzneikunde aktenmäßig erwiesen (2. Gutachten/Vorwort), aus: Georg Büchner: Sämtliche Werke und Briefe, hrsg. von Werner R. Lehmann, Bd. 1, Hamburg: Wegner 1967, S. 488−490

3 Paul Böckmann: Der gemeine Mann in den Flugschriften der Reformation, in: DVjs XXII, 1944, S. 187−230, hier: S. 187 u. 224−226

4 Wilhelm Abel: Massenarmut und Hungerkrisen im vorindustriellen Deutschland. Göttingen 1972, S. 7f.

5 Otto Corvin: Lage und Armut des Militärs. In: Ein Leben voller Abenteuer, Bd. 1. Frankfurt/M. 1924. Hier zit. nach: Werner Pöls (Hrsg.): Deutsche Sozialgeschichte. München: Beck 1973, S. 43−45

6 Friedrich Christian Laukhard: Leben und Schicksale. Fünf Theile in drei Bänden. Erster und zweiter Theil. Halle: Michaelis und Bispink: 1792. Neudruck, Nachwort und Materialien von Hans-Werner Engels und Andreas Harms, Frankfurt/M.: Zweitausendeins 1987, S. 240−245

7 Lieder vom armen Mann. Mit einem Vorwort an das Haus Rothschild von Karl Beck. Leipzig: Bernhard Hermann [3]1846, S. 71−76

8 Georg Büchner: Woyzeck, 2. Entwurfsstufe, Szene 6; Abdruck hier nach: G. Büchner. Werke und Briefe, a. a. O., S. 213f.

9 Lothar Bornscheuer (Hrsg.): Georg Büchner. Woyzeck. Erläuterungen und Dokumente. Stuttgart: Reclam 1976, S. 11−15, hier: S. 12f., 14f.

10 Justus (v.) Liebig: Ueber den Schwefelgehalt des stickstoffhaltigen Bestandtheils der Erbsen. In: Annalen der Chemie und Pharmacie, hrsg. von Friedrich Wöhler und Justus Liebig, Bd. LVII, Heidelberg: Winter 1846, S. 131−133, hier: S. 133

11 Johann Christian Reil: Rhapsodieen über die Anwendung der psychischen Curmethode auf Geisteszerrüttungen. Halle: Curtsche Buchhandlung 1803, S. 253. Hier entnommen aus: Gerhard Fichtner (Bearb.): Psychiatrie zur Zeit Hölderlins. Ausstellung in der Universitätsbibliothek Tübingen vom 27. Sept. bis 30. Okt. 1980 (= Ausstellungskataloge der Universität Tübingen Nr. 13) Tübingen 1980, S. 9

12 Alfons Glück: Der Menschenversuch. Die Rolle der Wissenschaft in Georg Büchners „Woyzeck". In: Georg Büchner Jahrbuch 5 (1985), S. 139−182, hier: S. 150f. u. 153

13 Rainer Osnowski (Hrsg.): Menschenversuche − Wahnsinn und Wirklichkeit. Köln: Volksblatt 1988, S. 14-45, hier: S. 27f. u. 33-35

14 Julien Offray de la Mettrie: Der Mensch als Maschine. Übersetzt und mit einem Essay von Bernd A. Laska. Nürnberg: LSR-Verlag [2]1988, S. 26f., 38f., 42f., 67f., 71f.

15 Hans-Joachim Türk/Werner Trutwin (Hrsg.): Philosophisches Kolleg 4, Anthropologie. Düsseldorf: Patmos [9]1989, S. 35−37